乡贤文化丛书

乡贤文化丛书

九世同居倡"百忍"
——以"忍"治家的张公艺

卫绍生　廉朴　主编

陈勤娜　著

中原出版传媒集团
中原传媒股份公司

大象出版社
·郑州·

图书在版编目(CIP)数据

九世同居倡"百忍":以"忍"治家的张公艺/陈勤娜著.—郑州:大象出版社,2018.8
(乡贤文化丛书/卫绍生,廉朴主编.第一辑)
ISBN 978-7-5347-9679-1

Ⅰ.①九… Ⅱ.①陈… Ⅲ.①张公艺(577—676)—生平事迹 Ⅳ.①K828.9

中国版本图书馆 CIP 数据核字(2018)第 008980 号

乡贤文化丛书
卫绍生　廉朴　主编
JIUSHI TONGJU CHANG "BAIREN"

九世同居倡"百忍"
——以"忍"治家的张公艺

陈勤娜　著

出 版 人	王刘纯
总 策 划	郑强胜
责任编辑	邓艳谊
责任校对	牛志远
装帧设计	王莉娟

出版发行　大象出版社(郑州市开元路 16 号　邮政编码 450044)
　　　　　发行科　0371-63863551　总编室　0371-65597936

网　　址	www.daxiang.cn
印　　刷	洛阳和众印刷有限公司
经　　销	各地新华书店经销
开　　本	787mm×1092mm　1/16
印　　张	9.5
字　　数	116 千字
版　　次	2018 年 8 月第 1 版　2018 年 8 月第 1 次印刷
定　　价	24.00 元

若发现印、装质量问题,影响阅读,请与承印厂联系调换。
印厂地址　洛阳市高新区丰华路三号
邮政编码　471003　　　　电话　0379-64606268

总序

"乡贤",这一古老的称呼已经淡出人们的视野很久了。

党的十八大以来,乡贤重新进入人们的视野,成为人们热议的话题。中共中央、国务院2015年颁布的《关于加大改革创新力度加快农业现代化建设的若干意见》中明确指出,要"创新乡贤文化,弘扬善行义举,以乡情乡愁为纽带吸引和凝聚各方人士支持家乡建设,传承乡村文明"。在中共中央、国务院的文件里提到乡贤和乡贤文化,这应该是首次,它表明作为中国优秀传统文化重要组成部分的乡贤文化,既是传承乡村文明的重要内容,也是新时期农村文化建设的重要内容。但是,由于乡贤和乡贤文化淡出人们视线已久,在这一概念重新被提出来的时候,许多人并不明白什么是乡贤,什么是乡贤文化,更不知道如何传承和弘扬乡贤文化。鉴于此,有必要对乡贤称谓、乡贤之说的起源、乡贤对中国乡村的作用与意义、乡贤文化包含哪些内容等,作简要回答。

何谓乡贤?按照通常的解释,乡贤是指那些道德品行高尚同时又对乡村建设有过贡献的人。这里包含两个层面的意思:一是道德品行高尚,二是对家乡建设作出过贡献。但如果仅仅是道德品行高尚,满足于个人修身齐家、独善己身、洁身自好,很少关心乡里乡亲,很少对乡梓作出过贡献,那么,这样的人只能称为乡隐,而不能称为乡贤。乡贤既应是道德为人敬仰、行为堪称模范的人,更应是为家乡作出过一定贡献的人。不论是教书育人、传承文化、制定乡约、调解邻里矛盾，还是乐善好施、修桥铺路、接济乡人，举凡一切有益于乡里乡亲的事情，他们总是满腔热情，乐做善为。对乡村建设的贡献，是乡贤的必备条件。如果对家乡父老没有什么贡献可言，何以成为乡贤？看一看汉魏六朝出现的一些记述各地乡贤的著作，如《汝南先贤传》《陈留耆旧传》《襄阳耆旧记》《鲁国先贤传》《楚国先贤传》等，其中记载的各地乡贤，不仅在道德、学问、修养、名望等方面为人称颂，成为时人敬仰的楷模，而且都是对家乡作出过贡献的人。他们能入各种乡贤传，绝非浪得虚名。

乡贤之说起源于何时？乡贤很早就存在于中国的乡村，但乡贤之说却是在东汉中后期才逐渐流行起来的。东汉中后期，随着一些世家大族的崛起，各个郡国都热衷于撰写乡贤传记，表彰那些曾经为当地经济、社会、文化发展作出过贡献的贤人雅士。东汉以后，世家大族成为维持中国乡村社会稳定的重要力量，涌现出许多被后人称为乡贤的人物，他们对当时的社会，乃至对中国历史文化都产生了重要影响。作为乡村精英的乡贤，在乡村治理、乡村教育等方面可补政府治理之不足，发挥了政府无法起到的重要作用。一些人看到了乡贤对社会发展的积极作用，把所属郡国那些有影响的人物事迹记录下来，于是出现了所谓的"郡书"。唐代史学家刘知幾在谈到这类著作时说："郡书者，矜其乡贤，美其邦族，施于本国，颇得流行；置于他方，罕闻爱异。其有如常璩之详审，刘昞之该博，而能传诸不朽、见美来裔者，盖无几焉。"（刘知幾：《史通》卷十《内篇·杂述》）刘知幾是较早关注到乡贤类著作的史学家，他认为，乡贤类著作都是"矜其乡贤，美其邦族"，因而在当地比较流行，而到了其他地方，知道的人就很少了。在谈到东汉史书繁盛的原因时，刘知幾再次提到了乡贤："降及东京，作者弥众。至如名邦大都，地富才良，高门甲族，代多髦俊。邑老乡贤，竞为别录。家牒宗谱，各成私传。于是笔削所采，闻见益多。此中兴之史，所以又广于《前汉》也。"（刘知幾：《史通》卷九《内篇·烦省》）刘知幾虽然没有对乡贤作出解释，但他把"邑老乡贤"与"高门甲族"相提并论，表明他已经把"邑老乡贤"与"高门甲族"放在同一个层级上，充分肯定了"邑老乡贤"的历史地位与作用。

乡贤对中国乡村有怎样的作用与意义呢？乡贤在乡村建设中的作用是多方面的。他们不仅热衷于乡村治理和乡村教育，而且乐善好施、造福乡里。乡贤一般都是受过良好教育的人，他们是乡里有知识、有影响的人物，经济实力往往要比一般村民好一些。他们有能力也有意愿造福桑梓，所以常常在乡村建设上主动作为，只要是力所能及，他们一般不会推辞。在乡村治理方面，乡贤往往身兼管理者、参与者、协调者等多重角色，必要的时候，他们也可以发挥上情下达或下情上传的作用，成为联系乡亲和政府的桥梁与纽带。在调解邻里冲突和乡人矛盾上，他们不会以势压人，而是以理服人，注重多方协调和沟通，注重平衡各方利益。所以，在乡村治理方面，乡贤是农耕文明时期中国乡村社会稳定的重要因素。

在乡村教育方面，乡贤的作用更是不可小觑。乡贤大多是饱读诗书之人，他们深知文化知识对于人们的生存、生活、成长和发展至关重要，所以他们非常重视教育，尤其重视启蒙教育和家庭教育。他们中的许多人自觉地担负起教育自家子弟和乡里子弟的重任，有不少人开私塾，并兼任私塾先生。虽然有的人也接受一些"束脩"，但总体来说，义务教书的情况较为常见。他们是乡村的"先生"，是传授文化知识的人，是教人向善的人。在善行义举方面，乡贤更是乐善好施的代名词。他们愿意帮助别人，勇于助困济人，乐于接济生活困难的乡亲。如东汉末年颍川郡著名乡贤陈寔，道德高尚，知书达理，处事公正，待人公平，为乡里所推重。乡里发生了纠纷，人们不去求官府，而是去找陈寔，请求他明断是非。只要是陈寔评的理、判的是非曲直，人们都欣然接受，没有什么怨言，以至于乡人都说："宁为刑罚所加，不为陈君所短。"陈寔还乐善好施，遇上灾年的时候，乡亲们缺吃少穿，他就接济他们。大灾之年，陈寔的善举不仅挽救了那些一时糊涂的人，而且教化了乡党，纯洁了世风。当然，更多的乡贤是靠他们的智慧和财富造福乡里，为乡亲做好事，譬如常见的修桥铺路、接济穷困等助人为乐之事。在乡村治理结构尚不完备的中国传统社会，乡贤在文化教育、乡村治理、乡村建设等方面，都起到了政府所起不到的作用。他们是中国传统乡村超稳定结构的基石，也是推动乡村发展的动力。

对于乡贤，我们应该历史地来看，既要看到他们在乡村文化教育、乡村治理、乡村建设等方面的积极作用，也要看到他们对中国传统乡村超稳定结构的固化作用。乡村是农业社会的基础，也是各级政权的基础。但是，在中国传统社会，权力不下郡县，县级政权成为封建社会的基层政权，县令或县长通常都是七品官甚至是从七品官，县丞、县尉的级别就更低了。国家行政机构设置到县级，县以下是乡和里。乡和里的治理则借重民间力量，乡长和里长大多是由当地德高望重的长者或望族的族长担任，他们没有官位，不吃皇粮，不领俸禄，只是负责维持当地的秩序，帮助地方政府做一些诸如征收税赋、摊派徭役、管理户籍、教化民众之类的事情。但在乡村治理及文化教育等方面，乡长、里长则常常要借重乡贤的力量，因为乡贤有文化、有见识、有影响力，甚至还有财力。当乡贤与乡里管理者相向而行、勠力同心的时候，乡里就会稳定，乡村治理就比较顺畅。这个时候，乡贤的作用就得到了充分发挥。乡贤在某种意义上成了乡村治理的标杆，成为乡人敬仰和追慕的对象。但是，由于乡贤所受的教育不同，他们的理想、信念、追求也各有差异，因此，他们中的许多人不愿意与当权者同流合污，更看不惯权豪势要欺辱压榨百姓，往往是特立独行者和孤独求道者，但他们依然坚持用自己的方式服务乡里，造福百姓。如许劭主持汝南"月旦评"，大力奖掖和提携汝南才俊，评点天下名士，成为汉末继郭泰之后的清议领袖。他不应朝廷征辟，谢绝高官厚禄，以"局外人"的身份品评人物，客观公正，令人信服。又如吃尽文盲苦头的武训，穷且益坚，不坠青云之志，行乞办学，创办崇贤义塾，让那些读不起书的孩子进学堂读书，更让人肃然起敬。再如晚清职业慈善家余治，一生清贫，却四处呐喊，奔走于大江南北，劝人行善，宣传忠孝节义，成立各种慈善机构，移风易俗，救济孤贫，而且创立戏班，编写剧本，以戏曲劝善，被人誉为"江南大善人"。他们以各自的方式感染着世人，固化着中国乡村的超稳定结构，使中国乡村这个自秦汉以来政府行政权力鞭长莫及之地，成为乡绅乡贤的表演舞台。在当代作家陈忠实的长篇小说《白鹿原》中，从白嘉轩、鹿子霖和冷先生等人物身上，读者依稀看到了久违的乡贤形象，所以有评论者指出，《白鹿原》就是在寻找失去的乡贤。这样的评论虽然不无偏颇，却也道出了小说的文化追求。

乡贤是乡贤文化的创造者和实践者，从他们身上，人们可以看到传统乡贤文化在乡村建设、乡村治理、文化教育、乡土认同等方面发挥的重要作用。所以，从中国古代一直到近现代，许多乡村都建有乡贤祠，用以供奉和祭奠那些为乡村建设作出贡献的乡贤们，展示各地不同的乡贤文化。

乡贤文化是由乡贤及其乡人共同创造的，是中华优秀传统文化的重要组成部分。它作为一种文化形态，对中国古代的乡村治理，对家国文化的认同，对乡村社会的维系，对农业文明的传承，对宗族文化的延续，对乡村文明的弘扬，都具有重要的文化价值。在传承发展中华优秀传统文化的当下，创新乡贤文化，就应在进一步明确乡贤文化的历史文化价值与当代意义的前提下，深入发掘乡贤文化的内在价值和积极作用。具体来讲，就是要注重发掘乡贤文化对家国认同、乡村治理、乡村教育、乡村建设、乡村文明传承等方面的深层文化内涵，通过一个个乡贤人物，阐释乡贤文化的重要价值，梳理乡贤文化的积极意义，探索乡贤文化的传承创新路径。譬如家国认同，首先是基于对家族和家乡的认同。乡贤作为当地的贤者，不仅具有很强的凝聚力，而且还常常让乡党引以为豪，人们不论处于多么遥远的地方，只要说起共有的乡贤，就会立即引起强烈的共鸣，自然而然地拉近了人们之间的情感距离，从而形成对家族和家乡的认同。从这个意义上说，乡贤是家乡认同的标志性人物，也是促进家国认同的情感纽带。

乡贤文化对传承发展乡村文明，对当代乡村文化建设，对提升文化自觉、树立文化自信，对实现中华民族伟大复兴的中国梦，都具有积极意义。在大力弘扬传承发展中华优秀传统文化的当下，挖掘乡贤文化的丰富内涵，梳理乡贤文化的历史脉络，发掘乡贤文化的价值意义，进而创新乡贤文化，建设新乡贤文化，是传承发展中华优秀传统文化的内在要求，是提升文化自觉、树立文化自信的内在要求，也是实现中华民族伟大复兴的中国梦的内在要求。

为此，我们组织编纂了这套"乡贤文化丛书"，把自东汉以来的历代乡贤进行梳理，系统展示乡贤、乡贤文化的历史风貌和文化价值，以期让广大读者对优秀传统文化中的乡贤和乡贤文化有更多的了解，对乡贤文化的历史作用和当代价值有更多的认知，共同为创新乡贤文化、建设新乡贤文化作出应有的贡献。

"乡贤文化丛书"第一辑，我们精选了10位在中国历史上有一定影响的各地乡贤，他们不论在教书育人、修身齐家，还是在乡村治理、乡村建设、慈善赈济等方面均作出了一定贡献，成为人们传颂的典范楷模。在本辑编写过程中，每位作者均对自己承担的人物有一定研究，但因作者较多，行文风格各异，难免会出现一些不尽如人意之处，不妥之处，尚祈读者批评。

卫绍生　廉　朴
2018年5月20日

目　录

引　言 …………………………………………… 001

九世同居的罕见家族 …………………………… 003
　　一、同产共爨的和谐社会 …………………… 003
　　二、以忍治家的文化内涵 …………………… 006
　　三、民主举贤的治家之制 …………………… 011

世代旌表的家族典范 …………………………… 014
　　一、人杰地灵的郓州地区 …………………… 014
　　二、张氏家族的形成背景 …………………… 019
　　三、世代旌表的张氏先祖 …………………… 024

少年持家崭露头角 ……………………………… 030
　　一、少年持家展现才华 ……………………… 030
　　二、顺承父母和睦亲族 ……………………… 032
　　三、尊敬师长友爱同窗 ……………………… 034
　　四、忍让修德婚姻和美 ……………………… 035

修身齐家示范天下 ……………………………… 039
　　一、重文治延宾开馆 ………………………… 039

二、尚武习武保家卫国 ………………………… 042
　　三、设条律以诫子孙 …………………………… 043

张公艺两获旌表 ……………………………………… 047
　　一、救太宗获赐"义和广堂" …………………… 047
　　二、高宗访贤示百忍 …………………………… 048
　　三、公艺仁德建大桥 …………………………… 051
　　四、遗德犹存百忍堂 …………………………… 053

张公艺之宽厚待人 …………………………………… 057
　　一、不较横逆厚德待人 ………………………… 057
　　二、宽容仁恕损己利人 ………………………… 059
　　三、怜人罪苦济人之困 ………………………… 062
　　四、被诬不计利人释隙 ………………………… 064

张公艺之慈悲怜悯 …………………………………… 069
　　一、敬老怜贫慈悲为怀 ………………………… 069
　　二、济人急难恤人孤寒 ………………………… 071
　　三、阴骘怜悯舍己从人 ………………………… 073
　　四、放生动物爱惜粮食 ………………………… 076

张公艺之积德行善 …………………………………… 081
　　一、谏亲行善怜贫积福 ………………………… 081
　　二、重视教育培养人才 ………………………… 083
　　三、扶危济困周济乡邻 ………………………… 084
　　四、忍气施恩全人信义 ………………………… 086

张公艺之影响家人 …… 090

一、委婉谏父重族睦亲 …… 090
二、和乐教妻孝敬慈惠 …… 091
三、张公艺以三愿谕子 …… 094
四、要求仆人仁德宽容 …… 096

张公艺之教化乡邻 …… 098

一、劝人兄友弟恭 …… 098
二、规人行义尽孝 …… 101
三、勉人息讼求和 …… 104
四、训人重德戒淫 …… 107

张公艺之子孙后嗣 …… 110

一、历代名人举例 …… 111
二、名相张九龄及其孙 …… 115
三、子孙分布 …… 118
四、后世风励 …… 121

张公艺之逸闻传说 …… 125

一、灶王爷传说 …… 125
二、饺子来历 …… 126
三、百忍获赠金人 …… 128
四、唐王贡酒传奇 …… 129
五、张公艺遇难得救 …… 134

参考文献 …… 138

引　言

唐麟德二年（665）十月，唐高宗李治携皇后武则天，从东都洛阳出发，率领文武百官，仪仗数百里连绵不绝，浩浩荡荡一路向东而去。《资治通鉴》载："上发东都，从驾文武仪仗，数百里不绝。列营置幕，弥亘原野。东自高丽，西至波斯、乌长诸国朝会者，各帅其属扈从，穹庐毳幕，牛羊驼马，填咽道路。"[①] 高宗此行，意欲封禅泰山，祭天祀地。途经山东郓州寿张县，听闻寿张人张公艺九世同居，合家九百余口人同产共爨，和睦相处，敬老爱幼，经四朝二百余年而不衰，便有亲幸其宅之意。

史载，北齐、隋、唐三朝皇帝皆曾旌表郓州张氏一门，北齐时东安王高永乐（按：实际上是阳州公高永乐，详见后文）、隋开皇中大使梁子恭皆曾到张家慰抚旌表，送上北齐文宣皇帝高洋的赐匾"雍睦海宗"和隋文帝赐匾"孝友可师"。据传，张家在隋末乱世还曾对李世民有救命之恩，贞观九年唐太宗赐字"义和广堂"。唐高宗此次东封泰山，途中恰好路过寿张县，便下令驱车亲幸张公艺宅，问张家之所以能九世共居二百余年的原因。张

---

① 〔宋〕司马光：《资治通鉴》卷二百一，中华书局，1956年。

公艺乃一介布衣，无官无职，蒙皇帝垂问，稍加思索，未曾答言，却请人拿来纸笔，一口气写下一百个"忍"字呈给高宗。高宗见此情形，心中颇为赞许，为之感动流涕，赐以缣帛而去。

高宗御驾回宫后，对张公艺治家之方念念不忘，派使者送去亲笔御书"百忍义门"的匾额。高宗访贤之事令张家声名远扬，《新唐书》《旧唐书》《资治通鉴》等正史对此事详加记载，历代皇室官府勒碑修祠，成为天下宗族治家的典范，后世家风家训中常以之为师。元朝杂剧将之编入戏曲，明人将其事迹百例编册成书，影响深远。

一、同产共爨的和谐社会

在中华民族文明史上，父子两代同产共爨者屡见不鲜，然而随着兄弟子孙年长成婚，多数会析家离居，各自成家过活，三代四代同产同居者已比较少见，五代同居者朝廷就可能旌表其门。寿张县（今河南省台前县）张氏家族至唐高宗时，历经九世而不分居，阖家上下九百余口人，居室四百区，依然同产共爨，每天同时在同一处用餐进食。

据《张氏族谱》记载："每旦鸣鼓会食，群坐广堂，髫髦未冠，列为别席，内外礼让，上下仁和，雍睦薰蒸。"① 每天敲鼓集合吃饭时，大家一起坐在广堂，年长者居于上座，年轻人坐在一起，妇人别为一席，未成年的孩子单独列席。大家互相礼让，井然有序，敬老尊长，爱护幼儿。长者仁爱，幼者恭敬，上下一团和气，内外仁和礼让，雍睦和谐。简而言之，真正实现了古代社会所倡导的"父慈子孝，兄友弟恭，夫正妇顺，姑婉媳听"的理想状态。这种和谐状态甚至感化和影响到家中饲养的动物，"化及百犬，一犬不至，众犬不食，

《张氏家谱》

---

① 《重辑始祖九世同居传》，《张氏族谱》1996年重修版。

和气致祥,物类亦为效顺"①。

张家不仅全家上下同时同地进食,而且所有财产共有,钱粮、牲畜、农具皆着人专门管理,其他如居室、衣物、生活用品也是统一分配。家中子孙年长,完成婚聘以后,便会按需分配到一区居室。族中设置专门的裁缝房,全家上下九百余口人的衣服、鞋袜皆按照大小不同型号,不同的季节,以同样的材料和样式,统一制作和分配,公平合理,绝不厚此薄彼。外出穿的服装挂在门厅内,有人外出便取一件穿上,回来后仍旧挂在门厅,并不指定是谁的。未成年的孩子归族中妇女统一看管,无论是谁的孩子,就像对待自己的孩子一样精心照顾。

化及百犬壁画

这种生存状态,颇像英国空想社会主义者托马斯·莫尔的不朽巨著《乌托邦》一书中所描绘的理想社会:财产共有,环境美好,人人平等,没有压迫,这里的人们人人从事生产劳动,人们有充足的时间读书学习,思考和娱乐,这里没有堕落和罪恶。事实上,张氏家族的生活更像陶渊明笔下的世外桃源:"土地平旷,屋舍俨然。有良田、美池、桑竹之属。阡陌交通,鸡犬相闻。其中往来种作,男女衣着,悉如外人。黄发垂髫,并怡然自乐。"②张家有良田千顷,能够让他们耕作其中,获得稳定的

---

① 《重辑始祖九世同居传》,《张氏族谱》1996年重修版。
② 〔晋〕陶潜:《陶渊明集校笺》,上海古籍出版社,1996年。

物质支撑；有居室四百余区，养犬百只，不正是"屋舍俨然""鸡犬相闻"的景象？而且，张氏家族有成熟的各式手工作坊，如酿酒坊、织布坊、裁缝坊、磨面坊、阿胶坊等。当年李世民落难古贤村时，张公艺便以自家酿制的大曲酒和阿胶为李世民治病疗伤。这里的人们根据各自的才能，各尽其才，从事自己擅长的工作，为大家庭的和谐生活各出一份力。

张家同产共食的生活有其丰厚的经济基础。据史料记载，张家有良田千顷，合现在四万多亩，相当于今台前县全县土地的六分之一。即便在张家人口高峰期时，人均占地也达四十余亩。并且这一带的土质非常优良，适宜种植五谷、桑麻等重要农作物，以此获得必备生活资料。

张家非常重视农业生产，主要劳动力都投入其中，约三百口人。而且生产工具和生产方式都较为先进。从流传下来的百忍堂壁画中可以看到，当时张家耕作已经采用既先进又轻便的曲辕犁。史载，唐代以前我国主要以长直辕犁耕作，较为笨重，费时费力，曲辕犁的发明大大提高了生产效率，省时省力。由于重视农业，精心耕植护理，张家种植的作物常常获得丰收，因此积累了丰厚的物质资料，粮库充盈，甚至三年不收也有余粮。在灾荒兵乱时期更是能够自保。唐高宗麟德二年（665），"比岁丰稔，米斗至五钱，麦、豆不列于市"，是整个国家物质都丰富充盈的时期，张家的物质积累更是足以满足其按需分配的要求。

张氏家族的桃源生活是有一定安全保障的。据载，张氏家族历北齐、北周、隋、唐四朝，既经历了路不拾遗、夜不闭户的太平盛世，又长时期处于兵荒马乱、动荡不安的历史阶段，若是没有强有力的安全保障，不只是安乐自由的理想社会成为空中楼阁，连基本的人身财产也无法保全。因此，张家长期注重聚族而居，加强武力教育，太平时期强身健体，战乱年代则保卫家园，团结共存。

张氏家族的和谐不只体现在财产共有、生活用品公平分配上，也不只体现在人人参加劳动、没有压迫剥削的形式上，更重要的是内在精神上的和谐，所以四朝三代被旌表，北齐褒其"雍睦海宗"，隋朝褒其"孝友可师"，唐太宗赐其"义和广堂"，唐高宗赞其"百忍义门"。历朝对张家的褒奖皆因其内在精神的和谐，家族成员之间的和睦孝义上，即族谱所载的"内外礼让，上下仁和"。这是张家聚居二百余年九世同居的核心内容。

二、以忍治家的文化内涵

张氏家族历北齐、北周、隋、唐四朝，二百余年，发展到九百余口人，如此一个大家族却能做到有序生活，不争不抢，不怨不怼，还互相礼让仁爱恭敬，着实令人赞叹。同时不由得让人心生好奇：到底是什么原因促成这么大一个家族和睦相处？是什么样的治家之道使他们不只维持表面的同居，还能保持内在的和睦？是制度，是思想，是教育？带着这种疑问，唐高宗封禅泰山时，途经张家地界，专程拜访了一介平民张公艺。张公艺请来纸笔，手书百余"忍"字以对，高宗为之感动流涕。由此可知，"忍"是张公艺祖上传下来的家训，是张家修身之方、立家之本、治家之道。

"忍"在中国传统文化中具有丰富的内涵，儒、释、道三家都将之作为至高无上的精神境界备加推崇。"忍"字本义，《说文解字》称"能也"，《广雅》释曰"耐也"，有"忍耐、容忍"之意。孔子在《论语·卫灵公》中说："小不忍则乱大谋。"庄子在《让王》中称："强力忍垢，吾不知其他也。"都是忍耐之意。此外，"忍"又有"克制、抑制"之意，如《吕氏春秋·去私》云："忍所私以行大义。"克制自己的私心偏好以行大义。孟子说："所以动心忍性，曾益其所不能。"《荀子·儒效》云："志忍私，然后能公。"也是同样的道理。佛教更是推崇"忍"在修行中的重要地位，佛教经典《金刚般若波罗蜜经》说："若复有人，知一切法无我，得成于忍，此菩萨胜前菩萨所得功德。"释迦牟尼说"六度万一，忍为第一"，将"忍"作为修行的第一要素。

修行"忍"道，有不同的层次。宋代罗璧在《识遗》卷三中谈到"忍"，称："梅亭李氏言忍有二，有抑情之忍，有知道之忍。抑情之忍，如饥忍食、砭忍楚、堤漏川决闲之维艰；知道之忍，则克己而复于礼，礼人而反其敬，如曀而霁、冰而澌、容而消之，所过皆化。其说忍字有浅深，人能由抑情之忍以造知道之忍，又能戒其忍之之为忍，然后忍字之义方备。""忍"有两个层次，第一个层次是"抑情之忍"，比如忍受饥饿苦楚之类的忍，这是较低级别的克制；第二个层次是"知道之忍"，克己复礼，约束以礼，互相尊敬，像云散天晴、冰消雪融一样感化身边的人，这才是较高级别的忍道。

张公艺家族九世同居，唯取于礼而后能忍，如《御定孝经衍义》说："聚族同居，即古宗法之遗意，礼之所取也，盖必有肃肃悚悚之心，而后能忍也欤。"事实上，克己而复于礼的知道之忍，是修身养性的方式方法，目的实为儒家提倡的"仁"。《论语·颜渊》："颜渊问仁。子曰：'克己复礼为仁。一日克己复礼，天下归仁焉！'"张公艺治家之"忍"，为较高层次的"知道之忍"，因此，所"知"的"道"即"礼"和"仁"，这也是张氏以忍治家的深层文化内涵的核心，《张氏族谱》所载"内外礼让，上下仁和"即张公艺以忍治家的方式、效用和结果。

"礼"，繁体为"禮"，《说文解字》释为："履也。所以事神致福也。"即举行祭神礼仪以求福佑。后来经过周公、孔子的整理系统，延伸为"礼仪""礼制"，成为当时社会的规范制度，如《礼记·王制》中载："修六礼以节民性。""六礼：冠、昏、丧、祭、乡、相见。"《大戴礼记·本命》："冠、昏、朝、聘、丧、祭、宾主、乡饮酒、军旅此之谓九礼。"《国语·周语》云："昭明物则，礼也。"又延伸为"礼义"，指符合"礼"的规范制度的思想道德、精神修养，如孔子所云"克己复礼为仁",又进一步说"非礼勿视,非礼勿听,非礼勿言,非礼勿动"。又泛化为一种符合天地规律的自然秩序和社会秩序,如《左传·昭公二十五年》:"夫礼,天之经也,地之义也,民之行也。"又说:"礼,上下之纪,天地之经纬也,民之所以生也。"

以礼为约束,就能够达到一定的社会效用,如《左传·昭公二十六年》所言:"礼之可以为国也久矣,与天地并。君令臣共,父慈子孝,兄爱弟敬,夫和妻柔,姑慈妇听,礼也。"以礼治国,则国泰民安;以礼治家,则家昌人和。

张公艺治家之"礼",就是遵从符合天地规律的社会秩序,克己复礼,遵守礼的规范,家族内外礼让,以礼相约束,建成了雍睦和谐的大家庭。儒家所言之"礼"与"仁"是密不可分的。

关于"仁",儒家先圣有很多言论,具有非常丰富的内涵,从不同角度阐述"仁"的特点、表征,以及如何达到"仁"的境界。"仁者,人也"。仁者,"爱人",是一种高尚的伦理情感和精神境界。如何成"仁"?《论语·阳货》子张发此问时,孔子答:"能行五者于天下为仁矣!""恭、宽、信、敏、惠。恭则不侮,宽则得众,信则人任焉,敏则有功……惠则足以使人疏。"拥有恭、宽、信、敏、惠这五种品行的人可以称得上是于天下为仁了。然则,到底什么是仁呢?表现在个人修行上,待人接物做到基本的"己所不欲,勿施于人",以"己欲立而立人,己欲达而达人"为处事原则。

礼与仁是儒家学说的重要内容,它们既有区别,又相依相存。关于仁与礼的关系,孔子有一些明确的解释,将仁与礼互释,以仁释礼,以礼释仁。如颜渊问仁的时候,孔子所答:"克己复礼为仁。一日克己复礼,天下归仁焉!"以礼约束自己,待人接物以礼,将礼作为方法和途径,最终就能达到仁的目的和结果。再如仲弓问仁时,孔子答道:"出门如见大宾,使民如承大祭。"见大宾与承大祭,实际上就是尊礼,尊礼即行仁。再如攀迟问仁时，孔子说："居处恭，执事敬，与人忠。"个人在独处、做事、待人时，做到合礼的恭、忠、敬便是仁。礼与仁都是营造理想社会的人与人、人与社会的相处之道、价值追求、道德典范，相对而言，礼是外在的、形式的，仁是内在的，内容的；礼是准则和规范，仁是目标和结果。礼与仁相依相存，没有礼则仁无从显现，没有仁则礼失其本源。宋代司马光的《家范》载，张公艺书百余"忍"字进呈唐高宗，"其意以为宗族所以不协，由尊长衣食或有不均，卑幼礼节或有不备，更相责望，遂成乖争。苟能相与忍之，则常睦雍矣。"长者以仁待下，幼者以礼尊长，相互忍让，则家族雍睦。

张公艺以"忍"为治家之道，其文化内涵的核心即礼与仁。它大概表现为三个方面：其一，以礼法为典则规范，克制约束自身和家族成员；其二，以礼义之思想修身养性，教育家人；其三，待人慈爱宽仁，宽容忍让，感化子弟乡邻。

结合文献资料就张公艺家族事迹具体而言，张家以忍治家，以仁和礼为基本指导思想，"制典则、设条律，以诫子孙"，制定家规家法，将礼、仁思想转换成具体的形式规范，以便家族子弟遵守。

张家训诫家族成员待人以礼，不许子弟欺侮乡邻，横行乡里。张家设置义和广堂，对内对外讲究宽容忍让，禁止家人争斗兴讼。对家族中的女性成员，禁止搬弄是非，说人长短，以免口舌起嫌隙，导致兄弟不睦、乡邻争斗。

张氏家族的代表人物张公艺，遵从祖训，以诚待人，设身处地为他人着想，顺承父母，雍睦亲族，厚德交邻。凡事忍让克制，对待别人的误会不愤怒、不解释，待事情真相大白后也不过一笑了之；待人宽厚，不较横逆，容恕小人的冒犯，不计前嫌地以诚待人。教育妻子待下人慈惠，宽待奴婢；劝和邻里亲族，教人友恭，劝人息讼，以义规人，以节俭感人，勉人释仇。

张公艺家族仗义疏财，平时接济乡里，在灾荒战乱时救济灾民，多次赈灾放粮，仁爱施舍远近闻名。遇到邻人借钱粮不还、乡邻侵占地界之类皆以宽厚容之，惜老怜贫，收养少孤，积德行善，捐募钱财修桥铺路，对众生皆慈悲为怀，劝邻人勿捕鸟雀，常常放生积德。

正是张公艺以忍治家，注重礼法规范，以仁礼为本，规定、教育、感化家人乡邻，才成就张氏家族"父慈子孝，兄友弟恭，夫正妇顺，姑婉媳听"的和谐局面，才能有"每旦鸣鼓会食，群坐广堂，髫髦未冠，列为别席，内外礼让，上下仁和，雍睦薰蒸"的美好景象，才能创造出九世二百余年和谐同居的奇迹，才能打造出平等、自由、富足、美好的世外桃源。

后世对于张公艺以百忍治家至九世同居的事迹颇为推崇。如《明儒言行录》卷三"忍字赞"说："七情之发，惟怒为遽；众逆之加，惟忍为是。绝情实难，处逆非易。当怒火炎，以忍水制。忍之又忍，愈忍愈励。过一百忍，为张公艺。不乱大谋，其乃有济。如其不忍，倾败立至。"面对横逆之加，应当以忍处之，克制愤怒情绪，一忍再忍，才能做得像张公艺一样。

后人也有慕其九世同居的行谊，而率领家族学习尝试者，如《江南通志》载："王靖，字宁之，祁门人。尝慕张公艺行谊，百口同爨，尺布不私。成化丁酉乡荐授交河知县，人称其节操。"

由于张公艺家族的举世闻名，后来凡有家族和睦者常被人比作张公艺。如《山西通志》载："沁邑南乡村名后麻园者，里人刘光岳七十余口，五世同居，忍让一如张公艺。"再如《甘肃通志》载："皇清梁必擢，秦州人，家传孝谨，五世同居，时人以方张公艺。必擢亡，妻陈氏主家，五十余年，长幼百口，咸相敬爱无间言。"

不过，对以"百忍"治家历来有不认同的声音，特别是，曾经亲自访贤称赞忍道的唐高宗性情柔懦，以致后来被武则天改朝换代，批评者言及此处，常将忍让释读为柔懦，甚至归罪于"百忍"之道，称高宗对武则天一忍再忍，终致武周代李唐。这实在是对"百忍"之道的极大误读与曲解，明末思想家王夫之对此回应道："张公艺以百忍字献高宗，论者谓其无当于高宗之失，而增其柔懦，亦恶知忍之为道乎！书曰：'必有忍，乃克有济。'忍者，至刚之用，以自强而持天下者也。忍可以观物情之变，忍可以挫奸邪之机，忍可以持刑赏之公，忍可以畜德威之固。夫高宗乍然一怒，听宦者之辞，而立命上官仪草诏以废武氏，是惟无激，激之而不揣以愤兴，不忍于先，则无恒于后，所以终胁于悍妇者正此也……长孙无忌渭阳之情，闻谮即疑，而死亡旋及，一激即不能容，他日悔之而弗能自艾，不忍于耳，即不忍于心，高宗之绝其天良，恶岂在忍哉？公艺之忍而保九世之宗，唯闻言不信而制以心也，威行其中矣。不然……可操戈戟于天伦，而能饬九世以齐一乎？"[①]忍是刚强而非柔懦，忍可以观物情之变、挫奸邪之机、持刑赏之公、畜德威之固，唐朝被武后改朝换代，恰恰是唐高宗不能忍、不会忍的后果。

三、民主举贤的治家之制

中国古代治国安民以宗法制为主导。宗法制是一种分别嫡庶系统的制度，以别亲疏，以示系统，以明亲亲合族之义。它由父系氏族社会家长制演变而来，王族贵族以血缘关系分配国家权力，天子、诸侯、卿大夫、士皆采用嫡长子继承制，财产、权力、地位皆由嫡长子世袭继承。嫡长子系统称大宗，其余庶子称小宗，大宗享有对整个宗族的统治权。后来还确定了"立嫡以长不以贤，立子以贵不以长"的嫡长子继承制，进一步完善了宗法制。嫡长子为宗子，在一个家族里面，拥有高于其他人的地位，具有对家族成员的统治权，包括祭祀、财产分配、婚丧、教

[①] 王夫之：《读通鉴论》卷二十一，中华书局，1975年。

导和惩罚等权力。

宗法制对中国历史的影响很大，在家族管理方面，它的影响主要表现在以下几个方面：其一，宗子具有特殊权力和地位，财产归宗子支配，家族成员的婚丧嫁娶也由宗子决定；其二，家族内部制定自己的家法家规和伦理思想，宗子负责执行礼法，教导和惩戒家族成员；其三，家族内部常用血缘关系掩盖阶级关系，粉饰不平等的压迫本质。

张公艺家族的治理完全改变了宗法制。首先，人人平等，人人参与劳动，财产共有，全家所有人同居共产，同衣同食，每天敲钟而食，衣服由裁缝坊统一裁制，居室按需分配。这种人与人之间的关系完全不同于宗法制社会下的阶级压迫关系。其次，由于人人平等，财产共有，张氏家族的家规和伦理思想就是出于雍睦亲族的需要而定的，诚意待人，以百忍治家，将仁与礼贯穿到生活的方方面面，所以才能达到上下礼让、内外仁和的和谐局面。这完全不同于传统的宗法制，制度规则是出于维护特权阶级的利益而定。最后，作为一个家族，必定需要一个管理者，或者说是当家人，他们的当家人与宗法制下的宗子（或家长）不同，它不由血统决定，而是由整个家族的人以民主形式推选而出。张氏家族当家人的推选任命以"贤"为标准，推举贤人治家。

相传，张公艺家族通常由年少之人当家，因为年少则心性单纯，公平公正，无私心邪念。据说张公艺最早协助料理家族事务时才十六岁，处事公允合理，待人谦恭有礼。张公艺兄弟十人，他排行第六，并非家中长子，因为他的德行才能突出被大家推举为当家人。

张公艺家族凡有大小事务，家族成员共同商议参决，人人都有表达自己意愿、建议的权利，人人都积极参与其中，平等与民主是张氏家族经久不衰的内在力量。

据载，张公艺生于577年，在他出生时家族已经累世同居，形成了雍睦和谐的局面，家族几代人上慈下孝，温良惠让，亲族团结，和谐乡里，在当地有很大影响。北齐朝廷已经于550年对张家进行过旌表，并赐匾"雍睦海宗"。张公艺兄弟十人，名字依次是温、良、惠、茂、俭、艺、成、让、秀、严，张公艺本名艺，后来由于行德昭彰、年寿较高受人尊敬被称作张公艺。张公艺自年少时协助料理家族事务，他严于律己，宽以待人，谦恭有礼，处事公正，注重个人品性修养，治家才能卓著。

张公艺自当家以后，继承祖宗遗德，诚意待人，礼让齐家，以礼仁为本，制定家规家法，并率先垂范。将家庭事务处理得井井有条，财产分配公平合理，不仅把一家人的衣食住行料理得妥妥帖帖，还设立学馆和练武场，供家族子弟读书学习和强身健体。张公艺不仅教育族中子弟仁义和礼让，还影响感化了乡邻，使整个寿张地区的民风为之更加淳朴谦和。张公艺继承家训祖德，并将其发扬光大，进一步践行了平等民主的治家理念。

世代旌表的家族典范

张氏家族的同产共居至唐高宗麟德二年（665）已号称有二百余年历史。据此，张氏家族最初应形成于465年之前，刘裕于420年篡晋自立，建南朝宋，可见张氏家族最初形成于南北朝时期。当时政局动荡、豪强林立、战乱频仍，张氏家族团结一致，合族相保，抵御小型武装势力的侵扰。到北齐时已经形成世代同居的大家庭，恰逢当时齐、隋官府号召百姓编户定居，提倡合产共居的大家庭生活，唐代官府倡导礼让和谐，张氏家族遂得以继续发展，且更加繁荣昌盛，成为世代旌表的家族典范。

一、人杰地灵的郓州地区

张公艺是郓州寿张县人。郓州初置于隋开皇十年（590）。根据唐人李吉甫等人所撰的《元和郡县志》载，郓州是"《禹贡》兖州之域。春秋时属宋，即鲁附庸须句国，太昊之后，风姓"，属于《禹贡》所载兖州的疆域，春秋时期是鲁国的附属国。战国时，其地属魏国，秦为薛郡地，汉为东平国，属兖州。南北朝时期为刘宋及后魏的东平郡，属济州。北周宣帝在此地置鲁州，不久废除。隋开皇十年分兖州万安县置郓州，大业二年（606）改郓州为东平郡。隋末大乱，被农民起义军占领，武德五年（622）唐高祖李渊命李世民讨平徐圆朗，复置郓州，为总管府，唐贞观八年（634）以下移治须昌。贞元三年（787）为都督府。北宋宣和元年（1119），改郓州为东平府。此后不复置郓州。

郓州是个人杰地灵的地方，在唐代属于河南道，下辖东平、须昌、阳谷、寿张、卢、东阿、郓城、巨野、平阴九个管县，治所在今山东东平，唐元和年间统计人口户数，有33389户。此处地连邹鲁，民风淳朴，崇尚质直，硕学通儒古今不绝。此地出现过很多著名人物，如战国时期的丑女钟离春，齐国无盐（今山东东平）人，因其为无盐人，又称钟无盐。据说其相貌丑陋不堪，年逾四十而未嫁，作为一介布衣，却关心国事，且有治国理政的才能。自诣齐宣王，当面指斥其腐败奢侈，陈述齐国危难及应对措施，宣王当即采纳，罢撤女乐，屏退谄谀，听进逆耳忠言，选择兵马充实府库，立钟无盐为王后，齐国为之大安。

再如三国时期魏国人刘桢，字公幹，东平人，建安七子之一，著名文学家。刘桢文才早慧，五岁便能读诗，八岁赋文万字，记忆力超群，才思敏捷，被时人称为神童。被曹操征辟为丞相掾属。其文学成就主要见于五言诗的创作，文风质朴，风格遒劲有力，与曹植并称为"曹刘"。刘桢性格倨傲，不守礼法，一次曹丕宴请文人，命夫人甄氏出拜，诸人出于礼节皆匍匐于地，不敢仰视，唯有刘桢酒酣忘情，且素来不拘形迹，对甄氏平视不避。事后被曹操闻知，被罚作苦役，终身不再重用。建安二十二年（217）染病去世。

与张公艺大约同时代的著名人物，如唐代开国将军程知节，原名咬金，郓州东阿人。隋末大乱，程知节由瓦岗寨起兵，后随李世民，破宋金刚、擒窦建德、降王世充，攻城拔寨一向身先士卒，骁勇善战，擅用马槊，屡立战功，被封为宿国公。

此外，还有西汉时期"大夏侯学""小夏侯学"的开创者夏侯胜、夏侯建，西汉末年指挥无盐大捷的农民起义军首领索卢恢等。

唐代郓州的寿张县，秦代为刚寿地，汉代改为寿良县，寿良之名，据称与留侯张良有一定关系。张良（？—前189），字子房，汉初著名的军事谋略家，刘邦评其"运筹策帷帐之中，决胜于千里之外，吾不如子房"，与萧何、韩信并称为"汉初三杰"。张良帮助刘邦统一全国，成就大汉基业。功成后不居，辞官归隐，学辟谷之术，从赤松子游。推辞了刘邦三万户封邑，只愿接受与刘邦初会之处的留县为封地。汉时留县治所在今江苏省沛县微山湖西南，寿张县的梁山位于留县与谷城县之间，山上有虎崖峰和莲台寺，张良归隐后常常"徜徉虎崖莲台之间"，活动在梁山一带，后来大概终老此处。

《寿张县志》之子房三冢之一

有关张良墓地众说纷纭，统计起来，大概有十几种说法，影响比较大的有三种：其一是东昏县的白云山（今河南兰考）。其二是湖南张家界的青岩山，《仙释志》记载："张良，相传从赤松子游。有墓在青岩山，时隐时现。"其三是唐代《括地志》记载："汉张良墓在徐州沛县东六十五里，与留城相近也。"又载："故留城在徐州沛县东南五十五里，今城内有张良庙也。"此外还有山东微山县、陕西留坝县等说法，其中寿张县也是张良墓所在地的其中一种说法。

现存康熙五十六年本《寿张县志》载"古寿张八景"，其一赫然为"子房三冢"，并注曰："冢在邑南，相距六十里，垒垒列峙古碑残石，志犹宛然。即耕童牧竖不敢狎睨其侧，信留侯之神有在乎？"光绪二十六年本《寿张县志·古迹》记载："汉张子房墓，在县南六十里，敬贤寺北，三冢列峙。明正德六年，参政史公立石题曰'汉张子房墓'。"《寿张县志》还收录了康熙二年当地官员章安陈《汉张留侯墓置看守人户记》：

"寿张县南六十里敬圣寺北,有三冢相峙,世传为汉留侯张子房墓。明正德六年,参政史公立石表之。余以清查保甲至其地……置看守户人二名张士海、张名扬。谕令春秋祭扫,四时护守,毋使牛羊犬马作践其所。"《寿张县志》收录吴鸿章《汉留侯碑记》载:"光绪十四年春,余宰寿张县。甫下车,闻邑南五十里有汉留侯墓,因命驾焉。察其地,去陈不远。侯,陈州人,葬此无疑,思有以志之。"认为张良定是葬在寿张县无疑。并赋诗曰:"伟哉汉留侯,出没犹神龙。破产散千金,辞禄谢万钟。名业虽烂然,无加淡泊胸。贤者已云逝,空留马鬣封。我来拜墓前,咫尺难相逢。平沙白草寒,想象当年容。"

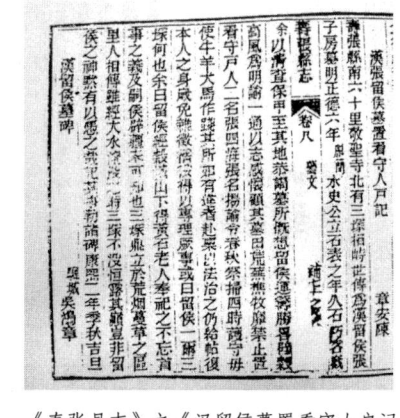

《寿张县志》之《汉留侯墓置看守人户记》

《寿张县志》还辑录明代东昌知府岳和声《读〈寿张志〉有赋》:

> 志称县,故秦刚寿地。汉改寿良,不晓所由。而留侯三冢俱在,当以子房故也。再传而代帝避讳,易良为张,居然可见。更可证者,良山故名梁山,以梁孝王驻猎易今名,乃知不独以之署县,且以之署山。其为子房受谷城老人书,佐赤帝子,提三尺削平天下,封留城。后徜徉于虎崖莲台之间,乐其

《寿张县志》之八景名目

山水之清嘉，以密迩黄石公，故处而筑圹焉，以老可知也。不然，既以从赤松子游矣，累累三冢何居，亦足发羽化之匪真，而改邑之有故矣。又焉知九世公艺非其云初之聚祖而居，从素书中得此百忍字，以世其家者哉？传疑订信，含毫有寄，辄有此什：刚寿何缘署寿良，署良仍姓邑为张？受书黄石恩知近，去国赤松兴寄长。树绕九陵团脱蜕，莲开万朵著轻装。妇人女子封侯骨，道在龙蛇思可忘。

岳和声认为，寿张属秦刚寿地，汉代以张良墓冢在此地的缘故改称寿良。此后光武帝为了避叔父刘良名讳，但仍保持纪念张良之意，改名寿张。后人张公艺聚族而居于祖地，以百忍治家，也当是遵从先祖遗意。

寿张曾经出现过很多著名的人物和事迹。然而，因为寿张几经分合改名，此地的人与事有些并不以"寿张"闻名。除了上述张良晚年游历归隐葬于寿张，据说"子路负米"的事也发生在寿张。

子路，名仲由，春秋时期鲁国人，孔子的得意门生。据说，子路小时候家境贫寒，他非常孝顺，经常自己吃野菜蔬果，却担心父母营养不足，从百里之外给父母背米吃，常年如此。然而子路并不觉得辛苦，反而觉得能够孝敬父母是件很幸福的事。后来他游历到了楚国做官，楚王给他的俸禄十分优厚，每天有随从车辆百余辆，禄米万钟，吃饭的时候列鼎而食，生活条件很是富足。可是，子路还是怀念当年吃野菜蔬果而为父母背米的时光，只可惜，子欲养而亲不在了。"子路负米"的故事就发生在寿张地界。

子路负米百里，很是辛苦，走到半路常在一个河堤上停留歇息，后来这段堤防就叫"子路堤"。《寿张县志》载："寿张遗迹访城西，先贤子路竟名堤。慨想当年勤负米，碑存鸿爪印雪泥。君不见世俗惰肢不顾养，百里荷担孰能往。金斗营（在堤东二里许）右讯贤从，千秋不朽名堪仰。""子路负米"的故事流传甚广，对后世影响极大，属于"二十四孝"故事之一。子路堤就在寿张县城西,后来寿张县被分,现在子路堤属于阳谷县金斗营乡所辖范围。

清朝时寿张县属于兖州,属东兖道,道台武全文于康熙十三年(1674)巡视寿张,写下一首诗《寿张怀古》:

> 谁把弹丸留刚寿,黄流几度寿张分。郊原汉杰遗丘在,堤上前贤负米闻。索纸从容书忍字,挺枪慷慨忆将军。登高频问梁山险,极目寒烟猎日曛。

感叹寿张县人杰地灵。弹丸之地的寿张县,中间又几度被黄河分开,境内梁山又险峻,登高极目见落日余晖,寒烟渺渺,感叹这里的人与事。"汉初三杰"之一的张良墓仍在,子路堤上为亲负米的传说仍在传,五代时期还曾出现过为后梁尽忠慷慨赴死的铁枪将军王彦章。武全文也提到了九世同居以"百忍"治家的乡贤张公艺。

二、张氏家族的形成背景

西晋末年,君昏臣愚,八王之乱时王室互相杀戮,国势日益衰弱。北方政局混乱,匈奴、鲜卑、羯、羌、氐五个少数民族的部落趁势崛起,先后建立了十六个政权。这些政权之间互相攻伐,争抢地盘,扩张势力,使得同一个地区先后处于不同政权的统治之下。以张氏家族所在的寿张地区为例,就先后处于后赵、魏(冉闵)、前秦、后燕、南燕、东晋的统治下,辖下的百姓处于水深火热之中。420年,刘裕灭南燕与后秦,篡晋自立,为宋武帝。寿张又归宋辖治。刘宋统治区域主要集中在江南,此后半个多世纪中,江南相继出现了齐、梁、陈三个以建康为都城的政权,历史上将刘宋和这三个政权合称为南朝。同一时期北方的少数民族政权经过吞并战争,北魏太武帝拓跋焘于439年统一北方,后来又分裂为东魏和西魏。直至589年取代北周的隋朝灭陈统一全国,南北朝共存在170年。寿张在此期间，先后处于刘宋、北魏、东魏、北齐、北周的统治下，长期处于动荡不安的政局中。

张公艺家族首次获得官方认可并被褒奖是在南北朝时期。550年东魏丞相高洋弑魏帝元善见，建立北齐，随后高洋派人旌表张家。此时张家已经因累世同居而闻名乡里，成为雍睦海宗的典范家族。588年隋朝统一全国前夕再次旌表张家。665年唐高宗亲幸其宅时，张氏一门已经是九世同居，据说存在了两百余年。由此可以推知，张公艺家族最早形成于465年以前，正是南北朝对立的前期。

虽然张公艺家族形成于南北朝时期，然而，南北朝的局势承东晋与五胡十六国之余绪，若要了解张家的形成背景，首先从此时说起。

西晋末年自八王之乱开始，国势每况愈下，晋怀帝、晋愍帝被前赵刘氏俘虏，备受侮辱后被杀。洛阳被攻陷，王室与百官被杀者多达三万人。晋惠帝的羊皇后则被刘曜掳到平阳立为皇后。晋室南迁，偏安江南一隅，是为东晋。东晋版图日蹙，江苏、安徽、湖北等省为南北交接之地。北方的世家大族、有产之家，往往不堪压迫随晋南迁。中原沦陷于北方少数民族之手。晋室偏安江南，未随迁的北方汉人希望统一，朝中有志之士也多图恢复，前后进行多次北伐，祖逖、庾亮、殷浩、桓温、刘裕等数次北上，皆有失有得，然终不能统一全国结束战争，始终与北方少数民族处于对峙状态。

与此同时，北方政权也不稳定。匈奴族的刘渊乘晋室八王之乱，于永兴元年（304）称汉王，永嘉二年（308）称帝，国号汉。刘渊死后，四传族子曜，改国号为赵（史称前赵），逼迫晋室，版图不断扩张。

羯人石勒初为小贩奴隶，投奔刘渊后拜为将领，势力逐渐壮大，攻晋拓土，击败刘氏，杀刘曜而灭前赵，自立后赵，降伏前凉，几乎统一中国北部。然而后赵的统治由石勒二传至石虎，石虎残暴不仁，劫掠百姓，搜刮美女牛马，生活穷奢极欲，百姓起而反抗，定阳梁犊拥众十万，自称晋征东大将军。石虎派冉闵等人出兵讨之，梁犊被平而冉闵势起，因平梁有功渐作威福。石虎死，幼子世立，冉闵助三子遵杀之，后又杀遵立鉴。鉴思制裁冉闵，冉闵大怒，对石氏大开杀戒，石氏羯族几乎全族而亡。

350年冉闵据邺称帝，国号"魏"，代替石氏后赵。与此同时，鲜卑族慕容氏与氐族苻氏势力壮大，351年苻洪据长安称秦王（史称前秦），352年鲜卑人慕容儁在龙城（今辽宁朝阳）称帝，国号燕（史称前燕），不久前燕杀冉闵灭魏，前秦苻坚消灭前燕、前凉，一时统一北方各部，与东晋相峙。淝水之战后，苻坚惨败，北方部族又纷纷割据，先后成立后燕、西燕、后秦、后凉、西秦和后魏。后凉国乱，又分出南凉、北凉、西凉三国。后燕和后秦在后魏的威胁下，境内又乘机出现北燕、南燕和夏国几个政权。当时中国的形势，东晋偏安江南，虽国势衰落，朝臣争斗不休，然境内百姓生活大致安稳，而北方各部族的征伐攻防此起彼伏，民不聊生。

刘裕起于东晋，在东晋义熙年间发动多次北伐，以期收复北方，是晋室最后的挣扎。曾执南燕国主的慕容超和后秦国主姚泓，灭南燕和后秦，一度攻下长安，取得很大胜利。然而，刘裕东还，致力于政权的篡取，420年受晋禅称皇帝，建国号宋，长安留守官军内乱，夏国赫连勃勃趁机率军攻克长安，刘裕北伐事遂寝。刘裕军事才能出众，政治上也有一些改革，取得政权后原本还可以再次北伐统一全国，奈何年寿不永，在位仅两三年便因病而逝。刘裕去世后，刘宋皇族陷入立与被杀的乱局，整个刘宋王朝自420年立国至479年禅让，凡59年九个皇帝，其中有七个皇帝被杀，皇族自相残杀，政局混乱，国势日蹙，先前从南燕和后秦取得的土地次第被北魏占领。

萧道成出身于刘宋士族，立军功得参政事，渐具权势，杀刘宋皇室子弟而逼宋主禅让，479年，萧道成代宋立齐。萧道成在位期间，免赋税宽徭役，百姓略安。然再传至昭业，淫乱奢靡，被族祖鸾杀死而立昭文，又杀昭文自立。鸾在位残暴不仁，杀道成子十九人，杀道成孙二十三人。鸾死，子宝卷立，宝卷不仅嗜杀，且穷奢极欲，在位三年被同族萧衍杀死。

齐立国共23年，502年萧衍代齐自立，国号为梁。梁立国共55年，经历侯景之乱，于557年禅让于陈。陈霸先代梁为帝，至589年被隋所灭，前后共32年。

宋、齐、梁、陈四个南方政权，自420年刘裕立国，至589年隋朝灭陈统一全国，前后共170年。南朝的疆土，以刘宋时期最为广阔，齐次之，梁时略有扩展，因侯景之乱而更加狭小，陈疆土最小，比三国时孙吴之地还不如。郓州寿张地区在刘宋时一度归南朝管辖，但不久便落于北朝统治下。接下来我们来关注一下北朝的局势，以便对时局有一个更清晰的认识。

起于中国东北的鲜卑族拓跋氏，世代为鲜卑君长，在苻坚淝水之战败归后，拓跋珪于386年趁机称王建魏（史称北魏），灭燕破夏，在南朝宋元嘉年间，逐渐取得整个黄河流域，结束五胡十六国的混乱局面。439年统一整个北方，国力强盛，疆域广阔，兵强马壮，与南朝对立。后来兴兵百万与刘宋战于长江北岸（江北瓜步），双方均受重创，刘宋军民死伤不可计数，北魏国力也由盛转衰。拓跋珪六传至拓跋宏，倡导汉化，改姓元氏，迁都洛阳，与汉人通婚。然则此时统治阶级逐渐淫糜奢侈，拓跋珪八传至拓跋诩，与胡太后斗争转剧，内部争斗消耗国力，借大都督尔朱荣兵势谋废胡太后，太后杀诩，尔朱荣杀太后及大量元氏宗室，立子攸为帝。子攸杀尔朱荣，尔朱荣族人尔朱兆起兵攻洛阳，尔朱兆部将高欢势强，叛尔朱兆取洛阳，先后立元朗、元脩为帝，而自封齐王，有实权。元脩不堪高欢逼迫，奔关西大都督宇文泰，高欢立善见，称东魏，宇文泰杀元脩立宝炬，称西魏。

北魏在分裂为东、西魏时，已经被高氏和宇文氏掌握了实权。550年，高欢次子高洋杀善见建立齐朝（史称北齐），557年宇文泰子觉篡魏自立为周朝（史称北周）。

北齐高氏父子性情皆残暴嗜杀，昏悖狂乱，相较而言北周的政治就清明多了，尊儒复古，改革官制，重用苏绰、卢辨等汉人儒生，灭佛道崇儒学，撤宫殿减妃妾。宇文邕沉毅有勇谋，灭北齐征南朝，渐有统一中国之势。可惜天不假年，宇文邕在位十八年而逝，继主宇文赟荒淫奢侈，荒诞不经，在位两年死，子衍（即阐）立。581年衍外祖杨坚杀衍篡周位，立隋朝，北周遂灭。隋朝南下平陈，终统一全国，南北朝对立170年的局面至此结束。

寿张在这一时期先后归多个政权统治。淝水之战后，前秦分崩离析，寿张地区先后隶属于鲜卑族慕容氏的后燕和南燕，410年南燕被东晋刘宋灭掉，寿张暂归东晋。420年宋受晋禅，寿张归刘宋辖治。北魏国势日壮，逐渐统一北方，进逼刘宋，寿张又入北魏疆域。北魏分裂为东魏和西魏，寿张隶属于东魏。高氏代东魏立北齐，寿张随之归北齐政权统治。北齐后来被北周所灭，全境归北周。隋受周禅，又归隋朝。可见在这个政权林立、更迭不休的动荡时代，寿张直接隶属的政权就有后燕、南燕、东晋、刘宋、北魏、东魏、北齐、北周、隋朝等。

聚族而居的张氏家族就形成于政局动荡的大背景下。总结起来，张氏家族的形成，有以下几个方面的社会历史原因：其一，政局动荡，统治不力，各地小股武装层出不穷，打家劫舍侵扰百姓，人们为了生存，常常团结互助，大家族则合族同居，共相保卫，抵御小股武装力量的侵扰。其二，除战乱的人祸，还有旱涝天灾。南北朝时期，一度因连年大旱，庄稼颗粒无收，导致饿殍遍地。张氏家族合家同心协力，凭千顷良田及多年勤俭持家的积蓄，顺利度过灾荒，并且帮助官府，赈济乡民。其三，从官方的角度来看，中原百姓经历多年战争乱离，民不聊生，人们纷纷流亡各地，居无定所，人口分布不均，有些地方地少人密，有些地方地广人稀，极大地影响农业生产。官府为了招徕流民，发展生产，号召百姓编户安居，建立邻长、里长、党长三长管理制度，稳定政府的财政收入，奖劝合家共产的固定家族。其四，从家族的角度来看，当时官方赋税兵役，皆以户为单位征收，人们为了躲避繁重的赋役，结族而居。一个大家族同居共产合为一户，如《资治通鉴》卷一一三云："民缘此迭相荫冒，或百室合户，或千丁共籍，以避课役。"①

三、世代旌表的张氏先祖

《说文解字》释"张"曰："张，施弓弦也。从弓长声。"《广雅·释诂》："张，施也。"《周礼·秋官》："罗取鸟兽为张。"可见，"张"的本义是捕取鸟兽设置弓弦陷阱的意思。在古时候冷兵器时代，弓弦是重要的捕猎工具，也是有利的战争器械。张姓的起源即与弓相关。

《新唐书·宰相世系表》载："张氏出自姬姓。黄帝子少昊青阳氏第五子挥为弓正，始制弓矢，子孙赐姓张氏。"②宋代邓名世《古今姓氏书辨正》："张，出自姬姓，黄帝子少昊青阳氏第五子挥为弓正，始造弓矢，实张罗以取禽兽。主祀弧星，世掌其职，赐姓张氏。周宣王时有卿士张仲。"说明张姓出于姬姓，为黄帝后裔挥所传，张之得名与挥的始造弓矢捕罗禽兽有关。据说，黄帝后裔挥公，制造弓矢的灵感来源于对星象的观测。二十八星宿之一的井宿，有"弧"星九颗，形状如弓，挥公观测弧星之形受到启发，发明了弓矢，因而被赐姓张氏。这是张姓的最初来源。

后来，至春秋战国时期，晋国有以名字作为姓氏的。明凌迪知撰《氏

---

① 〔宋〕司马光：《资治通鉴》，中华书局，1956年。
② 〔宋〕宋祁、欧阳修等：《新唐书》，中华书局，1975年。

族博考》"张氏"条云：按张氏，世仕晋，晋分为三，又世仕韩，此即晋之公族以字为氏者。谱家谓黄帝子少昊青阳氏第五子挥为弓正，观弧星，始制弓矢，主祀弧星，赐姓张氏，此非命姓氏之义也。按晋有解张，字张侯，自此晋国世有张氏，则因张侯之字以命氏可无疑也。后世的一部分张氏是出于晋国公族解张以字为氏。还有一部分出于韩国，元代袁桷撰《张氏宗谱序》云：张姓出于姬姓，至周而氏者祖于韩，其得望者十二，曰襄阳，洛阳，河东，始兴，冯翊，吴郡，平原，清河，河间，中山，曰魏，曰蜀。张姓始出于挥公，而春秋战国时期，晋、韩又出现新的张氏分支，逐渐形成十二处望族。史载，张良家族世代相韩，为韩国张氏的重要分支。张良为汉朝的建立立下卓著功勋，晚年归隐于寿张一带，清代《寿张县志》仍载有子房三冢为寿张八景之一，因此有文献推测张公艺即张良后人。

张氏家族至唐代张公艺时，已经累世同居多达九代二百余年。张公艺先祖被北齐朝廷、隋朝朝廷两次旌表，分别赐予"雍睦海宗""孝友可师"的匾额，成为当时雍亲睦族的典范。为了更好地理解张公艺的治家之道，我们先对其先祖遗事和治家渊源加以了解。

我们首先了解古代的"旌表"活动。"旌表"是一种官方行为，是我国古代政府对践行当时道德伦理的模范人物或家族进行的表彰活动，主要针对义夫、节妇、孝子、贤人、隐逸和累世同居等忠孝节义的表彰行为。史载最早的旌表发生在秦朝，一个叫清的巴地寡妇，自立自强，"能守其业，用财自卫，不见侵犯"，秦始皇以为贞妇，为她筑"女怀清台"进行表彰。

旌表的具体操作程序在我国古代各朝变化不大，一般由地方官府将辖内忠孝节义的典型逐级上报朝廷，朝廷审核批准后赐以匾额或牌坊，选派特使或当地长官实施。此外，需要补充的一点是，据文献史料记载，我国古代"累世同居"的旌表标准最低需要同居五代。

对张氏先祖的第一次旌表发生在北齐初年。北齐是取代东魏的政权，但直到东魏武定八年（550），承父兄余绪的实权丞相高洋废魏帝元善见自立，国号为齐，史称北齐。高洋在位伊始，重用汉族官吏，清减律令，省并州县，减少冗官，严惩贪污，一时政治为之清明。武力强盛，屡次打败南朝梁，不断拓土开疆。然而同时又自矜功业，残暴不仁，滥杀无辜，奢侈无度，大兴土木宫室，纵欲嗜酒，在位十年病逝，谥曰文宣皇帝。

《旧唐书·张公艺传》载："郓州寿张人张公艺，九代同居。北齐时，东安王高永乐诣宅慰抚旌表焉。"[1]张氏家族的家谱家训、地方通志皆依此载。张家被北齐朝廷旌表确凿无疑，但这段记载有些细节不太准确。《旧唐书·张公艺传》说到张家旌表的实际执行人是"东安王高永乐"，据考，整个北齐所封的东安王只有一个，就是娄昭的侄子娄叡。《北齐书·娄昭传附兄子叡传》载：

> 叡字佛仁，父拔，魏南部尚书。叡幼孤，被叔父昭所养。为神武帐内都督，封掖县子，累迁光州刺史，在任贪纵，深为文襄所责。后改封九门县公。齐受禅，得除领军将军，别封安定侯。叡无他器干，以外戚贵幸，纵情财色。为瀛洲刺史，聚敛无厌。皇建初，封东安王。大宁元年，进位司空。平高归彦于冀州，还拜司徒。河清三年，滥杀人，为尚书左丞宋仲羡弹奏，经赦乃免。寻为太尉，以军功进大司马。武成至河阳，仍遣总偏师赴县瓠。叡在豫境留停百余日，专行非法，诏免官，以王还第。寻除太尉，薨。赠大司马。[2]

娄昭在北齐伐魏的过程中立有大功，侄子娄叡也受到北齐朝廷的重用。而且娄叡还是外戚，姑姑是北齐武明皇后，所以虽然娄叡既无德行

---

[1] 〔后晋〕刘昫等：《旧唐书》卷一八八，中华书局，1975年。

[2] 〔唐〕李百药：《北齐书》卷十五，中华书局，1972年。

又无才能仍被贵幸。可惜娄叡品行不端，贪污爱财好色，好聚敛滥杀人，行各种非法事，屡被弹奏免官。这样一个东安王，既无才行，又与寿张地界无甚关系，应该不是诣宅慰抚旌表的北齐官方代表。

《旧唐书》所载的"高永乐"，是北齐朝廷的皇族宗室，高欢的本家侄子，封爵是"阳州公"。《北齐书·阳州公永乐传》：

> 阳州公永乐，神武从祖兄子也。太昌初，封阳州县伯，进爵为公。累迁北豫州刺史。河阴之战，司徒高昂失利退。永乐守河阳南城，昂走趣城，西军追者将至，永乐不开门，昂遂为西军所擒，神武大怒，杖之二百。后罢豫州，家产不立。神武问其故，对曰："裴监为长史，辛公正为别驾，受王委寄，斗酒只鸡不入。"神武乃以永乐为济州，仍以监、公正为长史、别驾。谓永乐曰："尔勿大贪，小小义取莫复畏。"永乐至州，监、公正谏不见听，以状启神武。神武封启以示永乐。然后知二人清直，并擢用之。永乐卒于州。①

阳州公高永乐，太昌初年，封为阳州县伯，后进爵为阳州公。逐步升至北豫州刺史，后来改为济州刺史。北齐承北魏分裂后的东魏版图和制度，刺史分纠郡国事，济州领济北、平原、东平、南清、河东五郡。寿张就在东平郡内，高永乐作为济州刺史，旌表慰抚界内百姓属于他的职分，而且高永乐尽责守职，属下官吏也清正廉直。所以《旧唐书》记载，旌表寿张张氏家族的北齐朝廷代表是高永乐无误，只不过应是"阳州公高永乐"，而非"东平王高永乐"。

北齐旌表的时间史无明言。不过史载"（高永乐）无子，从兄思以第二子孝绪为后，袭爵。天保初，改封修城郡王。"高永乐无子，去世后爵位由侄子继承，在天保初的时候改封为修城郡王。天保是北齐文宣

---

① 〔唐〕李百药：《北齐书》卷十四，中华书局，1972年。

皇帝高洋的年号，时间为550年至559年，天保初已由侄子袭爵改封，则高永乐至迟在此前已经去世。旌表之事既称"北齐"，则为550年北齐受禅以后事，所以，北齐朝廷旌表张氏家族的时间虽无明言，但应当是北齐始立的两年内之事，即550年至551年之间。

550（或551）年，北齐建立伊始，南与南朝梁对峙，西与北周并立，势力互有消长，战争不断，百姓困顿，流徙不定，官府财赋不稳。如《资治通鉴》所述："魏自丧乱以来，农商失业，六镇之民相帅内徙……东西分裂，连年战争，河南州郡鞠为茂草，公私困竭，民多饿死。"[①] 为了招徕流民，安顿百姓，稳定生产，增加财赋收入，北齐朝廷下令组织农民定居，集中编户，建立三长制度，奖掖合产共居的固定家族。东平郡寿张县的张氏家族累世同居，同田产共衣食，族人和睦相处，还时常周济乡邻。寿张地方长官将张家的情况逐级上报朝廷，朝廷得此报告颇为欣喜，派寿张所属的济州刺史、皇室宗亲、阳州公高永乐亲至张家旌表，赐匾"雍睦海宗"，将张家作为雍亲睦族的治家楷模宣谕全国，号召各地州县效法。当时高永乐持匾额抵达张家所在的济州东平郡寿张县张家庄，由张公艺祖父张德迎接。

对张氏先祖的第二次旌表发生在隋开皇八年（588）。北周末年，杨坚以周静帝外祖的身份入朝辅政，以平定地方叛乱为契机，将国家军政大权掌握到自己手中。581年，杨坚逼迫周帝禅位，建立隋朝。随后大兵南下，开皇七年（587）平定后梁，开皇八年讨伐南朝陈。陈朝统治者生活奢靡腐化，陈后主"生于深宫之中，长于妇人之手"，寄情文学诗酒，不知民间疾苦，不懂军事政治，隋兵所至势如破竹，数月平陈，开皇九年正月即大功告成，建立了南北统一的集权帝国。

就是在这种朝气蓬勃的新政权统治下，定下了许多治国安民的制度

---

① 〔宋〕司马光：《资治通鉴》卷一百五十八，中华书局，1956年。

和措施，发展生产繁荣经济，招徕流民稳定政权。隋文帝杨坚是汉朝太尉杨震八世孙，生长于民间，深知百姓疾苦，具有雄才大略和治国才能。隋文帝为了更深入地了解地方官吏的为官优劣与民间百姓的疾苦，专门指派隋朝开国郡公梁子恭为特使巡察各地。

梁子恭行至齐州，听闻齐州别驾赵轨在官有能名。赵轨邻居靠墙种的桑树，树枝隔墙延伸到了赵轨家，桑葚熟了以后，落到赵轨院子中，赵轨让人一一拾起来还给邻居，并告诫他的孩子们说："我并非以此来求名，桑葚虽然不是什么重要物品，但不愿侵占他人财物，你们当以为戒。"赵轨在齐州为官四年，十分清正。梁子恭听闻此事，上书隋文帝，文帝非常赞许赵轨，当即下令赐予赵轨布帛三百匹、米三百石，调任其入朝为官。

梁子恭行至济州寿张县，对合家共产累世同居受到北齐朝廷旌表的张氏家族早有耳闻。张家所在的张家庄，因为贤人辈出已经改名为古贤村。古贤村民风淳朴，人们待人温和有礼。张家上下一片祥和，父慈子孝、兄友弟恭。梁子恭上书隋文帝，文帝命梁子恭亲至寿张慰抚，赐匾"孝友可师"。此次大使光临由张公艺之父张兴主持接待，张公艺时年十一岁，平时受父亲言传身教，以诚意待人，此次又目睹了朝廷对和睦家族的肯定与表彰，对祖宗遗意颇为重视，自此严格遵守家风家训，以家族和睦兴旺为己任，希冀家道昌盛，再现辉煌。

少年持家崭露头角

中国传统习惯以年长者治家，以嫡长子继承制为基础，治家实行族长制或者家长制，以年寿最长、地位最高的人为家庭领袖和实际事务的决策者。寿张县张氏家族打破了这种做法，他们相信，年少则心性单纯，未婚则大公无私，如果有处理事务的能力，比已婚年长者处事更为公允合理。他们采用年少者治家，以未婚有才干的少年为当家人主持家务。张公艺是张家的少年当家人之一，十余岁即协助当家人料理家族事务，处事公平合理，为人谦恭有礼，少年持家崭露头角。

一、少年持家展现才华

前言之，张氏家族最早形成于465年前后，到577年张公艺出生时，已经百年有余，因累世同居雍亲睦族被北齐朝廷旌表，成为人们学习的榜样，张家庄因张氏贤人辈出改名古贤村。张公艺就是在这样一种和睦礼让的家庭环境中出生成长的，他带着一种与生俱来的自豪感和使命感，自幼秉承家风家训，以仁、礼修身，少年时期便好学勤勉，谦恭有礼。隋朝开皇八年，隋文帝派大使梁子恭亲至张家慰抚其门，赐匾"孝友可师"，时年张公艺十一岁，其父张兴接待了朝廷大使。张公艺看到了朝廷对张家和张家治家之道的认可肯定，亲见了张氏家族因和谐相处带来的无上荣耀，更是立志将治家之道传承下去并发扬光大。

张公艺年少时，国家政局渐趋稳定，政府鼓励百姓发展生产，实行轻徭薄赋、鼓励农耕的政策。张公艺家族在经济上也得到了进一步的发展壮大，他们将重心逐渐转移到发展生产和教育子侄上来。张氏家族原本就有固定的田产宅院，在古贤村周围拥有大量土地。张家重视耕植，因地制宜，根据地势和土质，分别种植适宜的五谷、桑麻、蒲苇，以满足家族成员的衣食需求。他们积极吸取乡邻耕作经验，大胆尝试，逐渐改进生产方式，率先将笨重的长直辕犁改为轻便的曲辕犁，省时省力，大大提高了生产效率。据说张家一年收入的粮食非常可观，至少可供家族三年食用，可谓三年不收而有余粮。

同时，由于农业的发展，张家的手工业也得到长足进步，他们设置了专门的养蚕室、裁缝房、酿酒坊、阿胶坊、碾米坊、饲料坊、榨油坊，充分发挥族人的才能智慧，人人参与劳动，人尽其才，积极为家族繁荣费心出力，共同提高生活质量。

张公艺在十六岁的时候就协助当家人处理家族事务，合理安排各种手工业的劳动人员，平均分配家族成员的四季衣帽鞋袜，妥善化解家族成员之间的纠纷。作为一个合产共居的大家族，重要的问题之一就是生活用品分配的公平合理，关于这一点，民间有一个张公艺分梨的著名传说。

据说，张氏家族因为和睦相处、累世同居，全家人口多达数百口，田地数万亩，还常常救济乡邻，口碑极好，在当地产生了很大影响。有一些小人便散布谣言，说张家收买人心，数代同居，意欲聚众谋反。谣言传到京城，皇帝便起了疑心，意欲微服私访，查清实情。于是，

分梨水图

皇帝带上随侍人员一两人，化装成道人走到古贤村，声称要见当家人。

这时候正好年少的张公艺协助当家人料理家务，是为"小当家人"，便出门相迎。皇帝见此情形，对当家人的才能和张家治家之道颇为怀疑，便生出考量之心。他从怀中拿出两个雪梨赠予张公艺，并说："听闻张家累世同居，雍亲睦族，孝友可师，贫道特来拜贺。"实际上意欲观察张公艺如何处置。张公艺马上猜透了道人的用意，吩咐族中年轻人将梨在石臼中捣碎，挑一缸水倒入其中，命人鸣鼓聚集全族老幼，然后说："我们张家上下仁和，内外礼让，闻名遐迩，今日师傅特来拜贺，并送雪梨一对，承蒙师傅厚意，咱们全家每人拿一小匙，排队轮流饮用，饮完为止。"全家上下当即听从安排。皇帝见张家全家老幼排列有序地饮用梨水，深为感动。这一情形，至今仍可在百忍堂的壁画上看到。

二、顺承父母和睦亲族

少年时的张公艺不仅才能卓著，而且为人厚道，顺承父母，和睦亲族，凡事宁愿自己受委屈，也一心为父母亲族着想。

张公艺本性温顺，对待父母非常孝顺，对父母夏天防暑驱炎、冬天防寒保暖非常用心，每天早上省视问安，晚上侍奉父母就寝，对为人之子的日常礼节都处处留心。张公艺自幼聪明过人，六岁开始上学读书，老师教他识文认字，音韵训诂，以便日后读书作文。张公艺学得很认真，从不无故旷课。

有一次，家中人手不够，老牛无人照看，母亲便让张公艺趁着天色尚早，去放一会儿牛。张公艺谨遵母命，把牛牵到野外草木茂盛的地方。老牛生性温顺，慢吞吞地吃着鲜嫩的草叶，并不乱走。张公艺便优哉游哉地躺在草地上看书。过了小半晌，牛吃饱了肚子，张公艺看着时间差不多了，便收起书牵着牛回家。刚走到家门口，恰逢父亲办事回来，父亲看到他没上学堂，疑心他贪玩逃学，便将他狠狠训斥了一番。张公艺受到责备，也不顶嘴，随便解释了几句便上学去了。

到了学校，老师见他神色沮丧，似有不快，便拉着他细细问明缘故。张公艺将事情的前因后果一五一十地向老师说清楚，老师问："既然是父亲错怪你了，为何不解释说是母亲的命令，反而甘愿受斥责呢？"张公艺说："如果说是母命，因母命而未上学堂，只怕父亲会生母亲的气。不如让父亲误会，生自己的气。"老师闻及此言，颇为感慨："这孩子自幼顺承父母，以后必成大器！"张公艺从小孝顺父母，受到错怪却毫无怨言，这可能与他读书学习先贤品行有关，更可能是他天性厚道使然。

张公艺不仅顺承父母，对乡邻同族中的其他长辈也非常尊重。张家勤劳耕作，田产颇丰，常常周济亲友乡邻，大家为此都感恩戴德。但偏偏也有那种不识好歹恩将仇报的人，认为张家反正家产丰厚，理应帮助他人。有一次，家族中有一个远房叔叔张权，因有事借张公艺家一些钱财，到了年关，按习俗理应归还，张公艺的父亲张兴便上门询问。谁知道张权不仅不还钱，还蛮横无理，出言不逊，辱骂张兴。张兴借出了钱收不回还要挨骂，实在气不过，抡起拳头想教训这个同族兄弟。

张公艺见此情形，急忙拉住父亲，好说歹说把父亲劝回家。张兴愤愤不平地往家回，张权随后还追去，张公艺怕两人再起纷争，急忙拉住叔叔。不料张权非常凶横，扭住张公艺就打。张公艺虽然年少，却颇有力气，但因为张权是族中长辈，不好还手，被打得浑身是伤。张兴见儿子这种情形，忙问怎么弄成这样的，张公艺回答，是自己摔倒所致。然后借机劝说父亲："张权叔叔家也是真的窘迫，欠我们的钱确实还不上，还不如宽限他一段时间，等他经济有所好转再去讨要。"父亲说："欠债还钱，天经地义，原本借了钱就该还我们。这可好，不但不还，还出口伤人，为父实在是气不过。"张公艺说："亲族和睦至关重要，钱财倒是身外之物，若是他们实在不还，只当是施舍给他们的吧。"张公艺受到殴打侮辱，仍能以笃宗睦族为重，看淡钱财，由此可见其心胸着实开阔。

三、尊敬师长友爱同窗

张公艺在家中尊重父母长辈，在学堂同样非常尊师重道，与同窗相处也颇为融洽。

我国古代非常重视师道尊严，尊重知识学问。《礼记·学记》中说："师严，然后道尊；道尊，然后民知敬学。"哪怕贵为帝王也应保持对师道的尊重，所以《后汉书·孔僖传》中说："臣闻明王圣主，莫不尊师贵道。"尊师重道是贤德之人共同拥有的传统美德。

古人云"一日为师，终身为父"，认为老师恩同父母。甚至有人说："明师之恩，诚为过于天地，重于父母多矣。"这看起来是对老师的尊重，实质上是对学问道德的尊重。张公艺生于577年，恰适北周末年，不久隋朝代周，建立全国统一的政权。国家政局稳定下来，百姓生活稳定，人心向学，官府与民间都开始重视教育。

寿张县张氏家族累世同居，是乡里知名的大家族，对道德修养的教育尤为重视。张家家道殷实，拿出重金，设立学馆，延请名师，教授家中子侄读书。张公艺五六岁即入学发蒙，识字认读，勤奋好学，对先生恭敬有礼。

张家学堂既有本族子弟，也有乡邻好学少年。其中有一名叫焦亨的，才华横溢，年纪尚轻就熟读"五经"，作起文来更是出口成章，张公艺跟他关系非常好。时间久了，两人熟悉起来，便相处无状，言语随意，说话毫无顾忌。有一次两人私下比赛赋诗，张公艺略胜一筹，焦亨便生出嫉妒之心，加上平时两人言语摩擦，所以焦亨偷偷将张公艺的纸笔拿到厕所用火烧毁，以泄私愤。焦亨烧纸笔时，恰好被张公艺看见，张公艺很气愤，又很伤心。作为平时相处很好的朋友，私下却做出这种事，张公艺当时就想拉焦亨去老师那里评理。但是转念一想，事情如果捅到老师那里，老师一定会严厉惩罚焦亨，焦亨才高气傲，一定会伤了他的颜面和自尊，不如息事宁人算了。况且，人与人之间交往，当初都以仁义相交，时间长了难免生出厌烦之心，难以做到凡事诚信仁义。不如跟焦亨说明，彼此释怀了事。可是焦亨听张公艺说完，恼羞成怒，一个劲儿地说张公艺诬蔑他。过了一个月，焦亨缓过神来，找到张公艺说："你真是个讲仁义的人，宽宏大量，我那么做着实太过分了。"两人重修旧好。

四、忍让修德婚姻和美

转瞬间，张公艺就已经是弱冠之年，小伙子长得玉树临风、风度翩翩，甚是英武不凡。

张公艺到了婚娶年龄，媒人们便络绎不绝地来张家探张父的口风，一旦得到张家婚聘的意愿，媒人便拿着物色好的各类信息前来登门说媒。当地有一个出名的媒人王婆，经常到各户人家的内室走动，熟知各家内情，又嘴巴伶俐，能说会道。这天她兴致勃勃地来到张家，见到张公艺之父张兴便道喜，张兴一时茫然，不由得问她喜从何来，王婆说："我娘家有一个远房侄女年方二八，长得娇俏可人，皮肤白嫩细腻，个子不高不低，做事聪明伶俐，声音婉转柔美。难得的是性格温和谦让，对父母尊长特别孝敬，正好年龄与你家六郎（按：张公艺排行第六）相配，若能聘来张家做妇，可不是您张公之喜？"张兴闻听此言也颇高兴，遂与王婆约定日期下聘。

不曾想，此时当地一个官宦人家也去王家提亲，王家势利，贪图官宦人家的家世与好处，对平民百姓的张家便有了不满之意，所以将女儿许给了官家。但是张兴根本不知内情，与王婆约定下聘日期后，就将聘礼置办整齐交给了王婆。王婆带着礼物去王家下聘没有办成，随后将礼物扣留。张兴闻知此事大怒，向左邻右舍说明前因后果，请大家做个是非论断。王婆自知理亏，始终躲着不肯会面。张兴一气之下，就要写诉状将王婆告到官府。张公艺连忙制止父亲，苦苦劝谏："结亲不是结仇，古人说：'与其与人争田地，不如到别处购置；与其与人争妻，不如在别处另娶。'姻缘自有天定，此事既然到这种地步，说明儿子的姻缘不在此处，请父亲息事宁人，忍让为上。"张兴哂笑："我儿的器量如此之大，难道不怕被人取笑吗？"张公艺说："善哉，儿子正想让人取笑。儿子愿意学古代鼎铭上的文字，仰止前贤我犹愧，不与俗子争短长。不必跟这些人争个强弱高下，这个道理，不是聪明睿智的人是不会明白的。"张兴虽不乐意，终于还是同意了儿子的建议，不再理会王婆之事。

不久本地的另一位媒人给张家说了邻县另一户陈姓人家的女儿，陈家与张家类似，也是家族和睦多代同居，族中子女受到良好的道德教育，对待长辈恭敬有礼。张兴想，结秦晋之好关键是要门当户对，所以想了想就表示认同，与媒人择定日期，备下礼品到陈家下聘。

张家按照家族习惯，指定一区住宅给张公艺做新房。婚礼当天，全家上下数百口人，不约而同地前来帮忙，把各色物品准备齐全。到陈家迎娶新娘，事事顺遂，人人脸上都挂着笑意，张兴夫妇眼看儿子成家立业，更是喜不自胜。准备大量酒菜，大宴宾客。

却说有一位姓秦的客人，因为喝醉了酒胡言乱语，大喊大叫，行为癫狂。众人劝说无效，惊动了张公艺出来看个究竟。谁想，姓秦的客人竟然指着穿大婚礼服的张公艺说："今天你家办丧事，让我喝酒喝醉了，你快点送我回去。"明明办婚礼是大喜事，醉酒的客人却说成办丧事，众位亲朋好友听到这种不吉利的话，都说要把他绑起来，等他酒醒后再说。张公艺忙制止大家，说："酒后说的醉话，他也不是有意的，没什么妨碍。一来，君子不应该讨厌来喝喜酒的人，二来，醉酒而归本不安全，呼我送他也是应该的，众位亲朋不要乱来。"大家都笑张公艺为人懦弱。随后，张公艺就真的将这个人送回家，并喊他家人将他接进屋里去，然后才回家。第二天，听说秦某昨天醉后回到家，就歇在自家楼上，半夜起来上厕所，不小心失足跌下楼来，居然摔破了脑袋而亡。众人这时想起他说的"丧事"之言，都认为是一言成谶。

虽然这只是一个民间传说，但张公艺以忍治家却是事实。张公艺起初聘王家姑娘未果，又被媒人私自扣下聘礼，张公艺之父张兴一怒之下要到官府告状，在张公艺的极力劝谏下才作罢。后来聘得陈家姑娘，果然贤良淑德，孝顺舅姑，善待家小，治家有方。张公艺处处谦和忍让，修得夫妻和睦，家庭幸福。

关于张公艺的能忍善让，还有一个跟婚礼有关的民间传说。

相传张家以仁礼传家，以忍道治家，提倡家族成员对内对外都要仁爱礼让。张公艺更是从小身体力行，事事以忍让为先，顺承父母，和睦亲族，厚德交邻。张公艺的"忍道"感动了天地，玉皇大帝派太白金星下凡调查，得知张公艺忍让之事竟然已有九十九宗。玉皇大帝决定再试探一番，若能忍得百宗，就给他建一座"百忍堂"。

话说这天恰逢张家操办婚礼，处处张灯结彩，人人穿红戴绿，热闹非凡，好不喜庆。菜过五味，酒过三巡，转眼已是夕阳西下，庆贺的宾客各归其家。玉皇大帝化身成一个和尚，来到张家门口。张家惜老怜贫，尊佛重道，马上给和尚拿来衣食银两，但和尚断然拒绝，非要求见当家人。张公艺马上过来相见，询问和尚："大师看上去风尘仆仆，远道而来，不求衣食，不知有何贵干？"和尚说："但求借宿一晚。"张公艺马上让人给和尚安排住宿。和尚却指着结婚的新房笃定地说："不是住在客房，是住在洞房。"张家人闻听此言登时大怒，纷纷指责和尚的无理取闹、厚颜无耻。张公艺细观和尚眉目疏朗，神清气爽，并非邪恶无耻之徒，便摆手制止了家人，说："好吧，师傅既有此心愿，便请今晚宿在新人洞房吧。"然后安排新人另择住处。和尚也不推辞,大摇大摆地走进新房倒头便睡。是夜,张公艺做梦,梦到玉皇大帝微笑着对他说,张家仁善谦让,要表彰张家,赐给他金拐杖,修建百忍堂。和尚这一觉睡得沉稳,直到第二天日上三竿还没有起床。张公艺派人准备好斋饭,喊和尚起床吃饭,左呼右唤却毫无反应。张公艺闻知,感觉奇怪,上前揭开被子一看,哪里有和尚,只有一个金灿灿的金人直挺挺地躺在床上。张公艺想起昨夜之梦,恍然大悟,原来是玉皇大帝的考验与赏赐。张公艺便用这个金人换钱盖起了百忍堂,以忍治家传之后人。

寿张县张氏家族从南北朝到隋唐时期，历九世二百余年，合产共爨，同衣同食同劳作。一个家族之所以能够做到这种程度，有多方面的因素。总结起来，大致有三个方面：其一，重视传统道德教育，使中华传统美德与张家家风家训薪火相传，绵绵不绝；其二，崇尚武功，加强体魄锻炼，小则保家，大则卫国；其三，将仁与礼的道德教育条律化，制定典则以诫饬子孙。张公艺自幼待人谦和有礼，少年治家公正无私，传承家风家训并发扬光大，形成著名的"百忍"文化而载入史册。先圣有言，人生有三不朽，太上立德，其次立功，再次立言。以"百忍"修身齐家的张公之德，宽然长厚，足以示范天下。

一、重文治延宾开馆

张氏家族历来重视文化教育，无论是在风雨飘摇的南北朝时期，还是在政权稳定的隋唐时期，家族内部长期设有私塾，以供族中子弟读书学习。到张公艺时，由于政治清明，国泰民安，国家更加重视文化教育，取士制度日益完善，教育体系更加完备。

唐代的学校教育比较发达，有官学和私学之分。中央在长安和洛阳设置的官学有六种——国子学、太学、四门学、律学、书学、算学，皆归国子监管理，不同的官学针对不同身份地位的生徒。中央设置的学馆有二：弘文馆和崇文馆，主要招收皇亲国戚和朝廷重臣子孙。地方上各州县也设立有官学，由州县长官直接管理。私学主要指乡里之学、私塾、家学、书院教学、山林读书等。唐代重视教育，在唐高祖武德七年（624）和玄宗开元二十六年（738）时，曾下诏命令各乡里设置乡学、里学，使私学教育具备了官学的作用。

寿张县张氏家族的私塾既有唐代教育的共同特点，也有自身的特色。从唐代教育的级别上看，它属于乡里之学，承担家族和乡里子弟初级和普通教育。从出资和教师来源上看，它属于典型的私学。由张家出资建设并管理学校，张家延请教师教育子弟。主要针对张家的子弟，也兼收周边乡里的孩子。更有特色的是教育的内容，既包括官方倡导的经学、书学、文学，也有张家自身的家风家训、典则条律。

作为初级教育机构，张家的私塾首先开设的是童蒙之学。由于州县之学的规模和入学年龄要求，不可能开设童蒙之学，因此私学的童蒙之学就是一个必要的补充。一般孩子六岁入学发蒙，从读《千字文》开始，渐渐培养识字、句读、训诂等能力，并开设专门的书法课程。唐人重视书法，不仅要求会写，并且要写得美观。故而书法教学中有关于执笔、用笔、结构的内容。今台前县张家的百忍图中，一百个忍字形态各不相同，从书法上来说，独具特色。

张家的家学跟唐代官学一样，重视经学和文学的教育。唐代尊崇儒学，经学主要指儒经。唐代私学的经学教育史无典籍，此处可以参考国子监的经学教育。国子监的经学细分为九经，按照内容多少分大、中、小三类。大经指《礼记》和《春秋左氏传》，中经指《周礼》《仪礼》《诗经》，小经指《周易》《尚书》《春秋公羊传》《春秋穀梁传》。大经每种要修习三年，中经两年，小经一年半至两年。此外还有《孝经》和《论语》也要兼习。通两经以上可以出监。学经的方法首先是熟读经文，然后由先生授文讲义。经学教育虽然更基础普遍，唐代由于以文取士的制度和社会风尚，对文学的教育其实更为重视。这里的"文"指唐人所称的广义的文,既包括"策"这种所有科目考试必考的重要文体,又包括赋、诗、箴、铭、论、表等所谓的"杂文",还包括铨叙官吏所试的"判"。尤其是唐人以诗歌相尚,诗歌的创作成为各类学校必学内容。

张家的私学也有一些与唐代官学和其他私学不同的特色,其中最明显的特点就是有关张氏家族家风家训的教育。

张家形成于南北朝时期,北齐时,获赠"雍睦海宗"金匾一幅。隋朝时,获赠匾"孝友可师"。"雍睦"与"孝友"都是中国的传统美德,雍睦指团结、和谐、和睦,孝友指孝顺父母、友爱兄弟。更进一步讲,就是如《张氏族谱》中《重辑始祖九世同居传》所载:"父慈子孝,兄友弟恭,夫正妇顺,姑婉媳听……内外礼让,上下仁和,雍睦薰蒸。"如何能够做到这种程度?自然是张氏家训:百忍治家。当年唐高宗封禅泰山,路过寿张县亲诣张宅,问张公艺之所以能九世同居和睦相处的原因,张公艺手书一百个"忍"字进呈给高宗,高宗赞叹不已,感动流涕。

张公艺以"百忍"治家,有三个方面的含义:其一,从单个人来说,要事事忍让,时时忍让,处处忍让;其二,从一个群体来说,要人人忍让,互相谦让;其三,从层次上来说,要一忍再忍。故而能称"百忍"。忍有二义,一谓忍耐之忍,二谓残忍之忍。张公艺所言皆为忍耐之忍,即宽容、克制之意。而忍耐的较高层次是知"道"之忍,不以忍之为忍,如李仰《唐先贤张公祠堂记》所言:"真情真力相传不朽,所谓伯乐相马,所见无非马者真于马也;庖丁解牛,所见无非牛者真于牛也。张公百忍,所见无非忍者真于忍也。"克己而复于礼,天下归仁,是以仁和礼为忍的文化内涵。"己所不欲,勿施于人"。"己欲立而立人,己欲达而达人"。"慈爱宽仁,克己修身,礼让齐家",这便是张氏家风的核心内涵。如张公艺所言:"老夫自幼接受家训,慈爱宽仁,无殊能,仅诚意待人,一'忍'字而已。"张氏家学的这些独特之处,以慈爱宽仁为教,以诚意忍让待人,是张家之所以和睦相处的内在因素。

二、尚武习武保家卫国

中国自古就有尚武思想。在战乱频仍、动荡不安的时期，人们出于生存的需要，崇尚勇武，热衷于武术习练，为的是保卫国家和家园。政局平稳时期，又崇侠尚义，以期从事武力建功立业。

南北朝时期，南方政权宋、齐、梁、陈不断更替，北方北魏、北齐、北周互相攻伐，隋朝代周，南下平陈，建立了统一的政权。然而国祚日短，由于隋炀帝的暴政，隋末农民起义此起彼伏，风起云涌，李渊纠豪杰之士，最终取而代之建立唐朝。

魏晋南北朝至隋唐时期，寿张地区先后归多个政权统治。东晋末年，寿张地区先后隶属于氐族苻氏建立的前秦、鲜卑族慕容氏建立的后燕和南燕。后来南燕被东晋灭掉，寿张地区暂归东晋。420年刘宋受晋禅，寿张归刘宋辖治。北魏国势日壮，逐渐统一北部，进逼刘宋，寿张又入北魏疆域。北魏分裂为东魏和西魏，寿张隶属于东魏。高氏代东魏立北齐，寿张随之归北齐统治。北齐后来被北周所灭，全境归北周。隋受周禅，又归隋朝。在这个政权林立、更迭不休的动荡时代，寿张直接隶属的政权就有前秦、后燕、南燕、东晋、刘宋、北魏、东魏、北齐、北周、隋朝等。

政权的更迭带来民族的迁移和文化的融合。北方少数民族民风彪悍，孔武有力，擅长骑马、射箭，这种文化精神和社会风气流入中原，带来风俗和饮食的变化，也带来了少数民族的尚武之风。北魏时期，大量鲜卑人南迁，统治者崇尚汉化，并进行通婚、改姓、改服等一系列的汉化改革，带来了影响深远的民族大融合。唐朝政局稳定以后，自突厥、高丽等地归附的人数以百万计，少数民族大量移居塞内，对文化融合也产生了一定的影响。

除了民族融合，崇侠尚义之风也促进了尚武精神的成长。唐代开国君王，结交豪侠之士，这些江湖才俊在战争中立下赫赫战功，成就了一批声名显赫的侠义人物，这种英雄气概成为一种普世价值观，让人们产生追崇不世功勋的建立梦想。隋朝和唐朝早期实行府兵制，兵农合一，寓兵于农。和平时期在家务农，农闲时进行作战训练，轮流戍卫京城，遇到战事，则应征作战，战争结束仍然解甲归田。隋唐时期还有以武力选拔人才的武举制度。隋炀帝大业三年（607）下诏："才堪将略，则拔之以御侮；膂力骁壮，则任之以爪牙。文武有职事以上，宜依令十科举人。"唐代时期，大量奖励军功，屠城陷敌、征战有功成为求取功名的重要途径之一。这种制度也提高了整个社会对习武的参与度，无形中对尚武风气的形成起到了推波助澜的作用。

张氏家族在整个社会尚武风气影响下，也崇尚勇武，积极组织子弟进行武术和军事训练。张家习武最初是出于生存需要，作为安全保障，组织全体成员以武保家。在动荡不安的时代，政权更迭频繁，流寇土匪滋扰不断，对家族和村民的安全构成了很大的安全隐患。张家作为当地的大家族，组织子弟习武，在村南济水河边设有练武场，训练骑马、射箭、使用刀枪棍棒等项目。村内还设有习武厅，练习武术的基本功，增强战斗力。

张家子弟农忙时在家务农，农闲时操练武术，在官方需要时，还会抽调人马加入官军。正因如此，张家数百口人，才能在战火纷飞的年代安稳地生存下去，在和平时代，又能与官府和谐相处。

三、设条律以诫子孙

中国古代的大家族，由于家族势力强大，子弟有一种天生的优越感，常常骄横无礼，仗势欺人，横行乡里。一般家族对子弟又多宽纵，甚至联合地方政府包庇不法子弟。张氏家族在寿张县是数一数二的大家族，张公艺知道大家族子弟容易滋生骄横无礼等各种富贵子弟病，深知那是家族败亡的前兆，所以在进行文化道德教育，倡导以忍修身的同时，还制定了明确的家规律条，"制典则，设条律，以诫子孙"，对子弟进行行为规范和束缚。

家族势力对子弟的庇佑在中国古代非常普遍，通常对家族的发展和子弟的成长都产生很大的负面影响，子弟在家族的荫庇下骄纵不法，长此以往家族不可避免会出现衰败。耳熟能详的如《红楼梦》中的薛蟠，自幼丧父，又得寡母纵容溺爱，既没有得到良好的教育，又缺乏有效的束缚，因此粗俗无知、傲慢无礼，倚财仗势、骄横跋扈。从人贩子手中强买香菱，打死冯渊，联合贾家，葫芦僧乱判葫芦案，让贾雨村从中周旋，不仅保全性命，而且得到了香菱。家族势力如此没有原则的包庇护佑，让薛蟠变本加厉，斗鸡走狗，骄奢淫侈，甚至在小酒馆喝酒时，因堂倌倒酒迟了些，就气愤不平把堂倌打死。因此再次摊上官司，被判流放，家财荡尽，薛家没落败亡是情理之中的事。

张公艺深知约束子弟的重要性，因此，在对他们进行知识道德教育的同时，也对他们的言行举止加以束缚，将世代相传的家族道德和规定要求条律化，形成明确的家规家训。张公艺定期召集全家成员，进行家规家训的教导训诫，让家族成员清楚条律典则。对明确违反条律者和严格遵守条律者，分别当众实施责罚和奖励，以示警诫与发扬光大。

古代的大家族，对于教导子弟的条律典则常有明确的文字规定，如汉代著名经学家郑玄有《诫子书》，南北朝时期有颜之推的《颜氏家训》，宋代有司马光的《家范》，明末有朱柏庐的《朱子家训》等，作为管理子弟和家族的法则，所以常称为家法、家规、家训等。家规的内容非常丰富，通常包括修身养性、为人处世、家庭礼仪、行为规范等。如郑玄的《诫子书》，自述生平之后，对儿子的道德、志向、学业、家政提出殷切希望和嘱托，教育儿子要加强身心修养，"勖求君子之道，研钻勿替，敬慎威仪，以近有德"。要勤力务时，节衣缩食。相对而言，《颜氏家训》更为全面完整，作为士族家族法的典范，自成系统。

《颜氏家训》共七卷，包括序致、教子、兄弟、后娶、治家、风操、慕贤、勉学、文章、名实、涉务、省事、止足、诫兵、养心、归心、书证、音辞、杂艺、终制等二十篇，教育子弟修身治家、处世为学等多方面的内容，其中关于妇人溺爱孩子、妯娌相处、兄弟相处等都有生动务实的表述。司马光的《家范》，强调以家庭礼治为核心约束子弟，全书十卷十九篇，系统阐述家庭伦理、治家原则、修身之道、齐家之法。

明末清初的朱柏庐写的《朱子家训》，更适合平民之家，内容简明，文字通俗，以修身齐家为宗旨，集合儒家做人处世的方法，内多警句。如教人节俭，称"一粥一饭，当思来之不易；半丝半缕，恒念物力维艰"；如教人远虑，称"宜未雨而绸缪，毋临渴而掘井"。

清代《曾国藩家训》的影响更为深远，内容包括为人处世、从政治军、谨守家风、保养身心几个方面，诲弟谕儿读书作文，戒骄戒傲，无所不至。

由此可见，中国古代家训的内容，较为常见的，包括家庭和睦、孝敬父母、兄弟友爱、合乎礼教、修身正心之类，还有一些涉及读书作文、做官、祭祀之类。张公艺"制典则，设条律，以诫子孙"，文献没有留下具体的内容，但由张氏家谱和史籍记载推测，大致包括以下内容：

其一，遵守国法。张氏家族在北齐、隋、唐屡受旌表，一直受到朝廷的重视，这是张氏家族自身的特点所致，也是张氏家族与官方合作态度的体现。张家在和平时期习武强身，在战乱时期保家卫国，组织兵丁随时补充到军队中去。张家深知，家乃国之基石，而国乃家之屏障，国无家不立，家无国不稳。因此，张氏家族的训诫，首先强调遵守国法的重要性。

其二，和睦宗族。张氏家族最看重宗族和睦，自南北朝以来合产共爨，同衣同食，历经数世而不分家，财产共有，人人参与劳动，打造了一个和谐美好、自由平等的理想世界。北齐赐金匾"雍睦海宗"，就是对张家和睦宗族的肯定和赞扬。

其三，孝敬父母，友爱兄弟。古语有云："百善孝为先。"孝敬父母是一个人最重要的德行。兄弟如手足，当友爱和睦。张家数世同居，衣食共有，主要就是反对因财产处置不公导致父母反目兄弟失和。重情感人伦，轻钱财衣帛。禁止家族女性搬弄是非，挑拨兄弟父子感情。打造一个"兄友弟恭、夫正妇顺、姑婉媳听"的和谐家庭。

其四，和睦乡邻。古人注重乡里邻人的和睦，今存张公艺事迹的传说，多有宽容邻人、赈济乡里的故事，修桥筑路、劝人息讼和睦、容人冒犯、为人消灾、救助他人、资助读书等，举不胜举。张公艺要求子弟和睦乡邻，决不允许族中子弟倚仗家族势力横行乡里、欺压他人的事情发生。

其五，以忍修身。张公艺修身治家之道，最突出的在"忍"，以忍修身，以忍治家。张公艺所倡导的忍，不是简单的饥忍食、渴忍饮的抑情之忍，而是以仁、礼为基础的知道之忍。要求家族成员人人忍让，事事忍让，时时忍让，要一忍再忍，以达到上下礼让、内外仁和的和谐局面。

张氏家族，在北齐、隋朝曾两获旌表，分别是在张公艺的祖父和父亲时期。到张公艺时，其继承祖宗遗风，并发扬光大，以百忍之道治家，打造和睦和谐大家庭，两次受到唐朝廷的旌表，得到皇帝的高度肯定。据说，李世民尚未登基时，曾经受伤路过寿张，被张公艺所救，因此获赠"义和广堂"之称。唐高宗在封禅泰山途中，专程驱车率随从来到张公艺家中访问。一朝天子亲至平民百姓家中，自古以来鲜有其事，因而寿张县张家的荣耀盛极一时。

一、救太宗获赐"义和广堂"

隋朝末年，山东郓州济水河畔，一匹枣红马驮着一个浑身是血的青年，看上去经过了长途的奔波，人困马乏，青年无力地伏在马背上。枣红马疲惫不堪，奔至济水，宽阔的河流挡住了去路，红马颤颤巍巍地踏入河中，无奈一不小心马失前蹄，青年抓握不牢，跌落水中。此时张公艺正好带领家丁在附近习武，看到这种情形，他急忙号召家人将青年救出，带往家中诊治。

话说此时正值隋朝末年，天下大乱，各地义军纷涌，虽经隋朝官军镇压，仍然此起彼伏，战祸不断，民不聊生。各路义军为了抢夺地盘，常常相互攻伐，更加剧了人民的苦难，不过也逐渐形成了几支兵强马壮的势力，其中，曾做太原太守、被隋朝封为唐公的李渊成为其中一支劲旅。李渊的三个儿子个个英勇善战，次子李世民更是屡立战功。此次张公艺所救的青年，正是后来的太宗皇帝李世民。他此前单枪匹马到占据任城（今山东省济宁市）的徐圆朗军中刺探军情，虽经乔装打扮，但仍不幸被徐圆朗的人认出。徐圆朗下令生擒李世民，一干人马围追堵截，所幸李世民武艺高强，所乘坐骑又是千里神驹，终于杀出一条血路突围而出。然而一人一马虽然突出重围，李世民却身负重伤，一路狂奔至济水边，伤痛发作体力不支，跌落水中，被张公艺救起，带回家中。

张家此时已经是累世同居的大家族，族中设有专门的酿酒坊和阿胶坊，自制的高粱曲酒清冽香甜，名闻乡里。用济水和驴皮熬制而成的阿胶更是滋养身体的上等补药。张公艺家中男丁众多，此时恰逢乱世，便抽调男丁习武防身，保卫家园，以防备地方武装势力和小股兵匪的骚扰。张公艺家人和睦友好，谦恭有礼，上下仁和，内外礼让，家中一团和气，乱世之中，见此桃源气象，李世民颇为感慨。

李世民的伤病主要是外伤和劳累所致，张公艺积极延医用药，用自家酿制的高粱曲酒和济水驴皮熬制而成的阿胶，尽心竭力为李世民治病养伤，不几日李世民便渐渐恢复了健康。因军务紧急，李世民不便多作停留，伤病稍愈便告辞而去。因当时情势李世民不便说明身份，却将张公艺的救命之恩牢记于心，对张家的高粱曲酒和阿胶也印象深刻。李世民登基做了皇帝后，于贞观九年（635）专程派人来到古贤村，赐匾亲书"义和广堂"，将高粱曲酒赐名"唐王贡酒"，这个故事至今仍书在台前县张家祠堂的壁画上。

二、高宗访贤示百忍

唐朝在高宗皇帝和武则天皇后的统治下，气象日渐兴隆，国家繁荣昌盛，百姓富足安康，边疆太平，各国来贺。麟德元年（664），武则天杀了西台侍郎上官仪，赐死前太子李忠，朝政更加稳定。麟德二年，武则天于东都造乾元殿，颁行李淳风所造新历法，万象更新。这年天下大丰收，米斗五钱。到了十月，隆冬将至，天地一片肃杀之气，则天皇后请封禅。司礼太常伯刘祥道也上疏请封禅。

封禅是中国古代帝王祭祀天地的大型典礼，一般来说，只有帝王成就重整乾坤、太平盛世的伟大功业时才可以举行封禅大典。封禅之典，有封有禅，在泰山上筑土成坛祭天为封，在泰山下的小山丘上辟场祭地为禅。与封禅大典相关的国家活动，有天降祥瑞、举贤任能、献诗献赋等。高宗皇帝这次封禅泰山，声势浩大，《资治通鉴》载："上发东都，从驾文武仪仗，数百里不绝。列营置幕，弥亘原野。东自高丽，西至波斯、乌长诸国，朝会者，各帅其属扈从，穹庐毳幕，牛羊驼马，填咽道路。"[1]从东都洛阳出发，从驾的文武官员仪仗绵延百里不绝，营帐遍布原野。四邻属国都率人跟从，从高丽到波斯，携带的牛羊驼马填满了道路。人数规模相当可观。

封禅泰山礼毕，在返回东都的途中，路过寿张，高宗想到了历经三朝旌表的寿张模范家庭——张公艺家族。

唐高宗对于张家祖宗的光辉历史非常清楚，同时对张家之所以九世同居和睦相处的情形深表赞叹。他率领护从，抵达寿张后，高宗、武后驻扎在程岗村，随侍兵马驻扎在付家路口，后来这两个地方分别改名为东影唐和西影唐村，寓东影唐王西影兵之意。高宗来到张家，接见了八十八岁高龄的张公艺。张公艺此时须发皆白，却满面红光，精神抖擞，鹤发童颜，俨如老神仙。面对唐高宗的询问，正史记载颇简略，称："公艺书'忍'字百余以进。"另外有文献记载张公艺的回答，道："老夫自幼接受家训，慈爱宽仁，无殊能，仅诚意待人，一'忍'字而已。"

---

[1] 〔宋〕司马光：《资治通鉴》卷二百一，中华书局，1956年。

百忍可风碑

颇合当时情境。唐高宗听了，深以为然，感动流涕，命人赐以缣帛，以示嘉奖。

高宗的感动流涕其实并非一时冲动。史载唐高宗李治性情温和，仁爱懦弱，为太子之前看到兄长李承乾与李泰的争斗已经十分痛苦，登基后面对王皇后、萧淑妃的尔虞我诈，朝政上舅父长孙无忌一派与武后的相互倾轧，前太子李忠的被贬、被杀，使仁弱的高宗皇帝十分向往和睦相处的家族，这大概也是他以九五之尊亲至平民之家询问的根本原因。张公艺一口气写下一百个"忍"字，对他造成很大的心理冲击，让他深感心有戚戚焉，若能彼此忍让，一忍再忍，必能使亲人和睦，骨肉不至离散相残。因此，高宗皇帝对张公艺以"百忍"治家深以为然，以至感动不已，涕泪横流。当即下诏免去张家一切徭役，并命人赐以缣帛，令张公艺子入朝为官。

唐代平民之家皆有徭役，下诏免去张家徭役是视同朝廷官员的待遇。同样，缣帛是制作精美的上乘细绢，一般供皇室宫廷做书画之用，常用来赏赐给有功文臣和外来贵宾。赐平民以缣帛，是当时非常罕见的事情，可以看作是历朝之中对张家的最高奖励。唐高宗回京后，不仅树立张家为全国和睦家庭的楷模，还一直考虑将张家和睦治家之道在皇室宗族中推广，授张公艺长子张希达为司仪大夫，掌管皇家及州府礼仪。高宗还亲自书写"百忍义门"四个大字赐予张家，以示荣宠。唐高宗访贤一事，使张公艺家族的荣耀达到了顶峰。

三、公艺仁德建大桥

唐仪凤元年（676）仲秋，张家开宴设乐，群聚于广堂之中，九十九岁的张公艺，左顾右盼，看着一家老小其乐融融，含笑长逝。然而，张公艺人虽殁，遗德犹存，他留下的物质财富和精神财富泽被后世，其中，最为珍贵的是古贤桥与百忍堂。

有关寿张古贤桥的建立，还有一个著名的传说。据说有一天，张公艺在村南的济水渡口闲逛，发现过往行人都在排队等候渡船到对岸。但是可用的船却非常少，而且撑船人态度恶劣，漫天要价，稍不如意，还非打即骂。然而因为是垄断性的经营，过往行人都不敢招惹他，唯恐得罪了他，无法到对岸去。撑船人是当地的恶霸，人们都暗地里将他称作"船霸"。曾经也有人想打破垄断，置船摆渡，都被这个船霸赶走了。张公艺见此情形，颇感气愤，心想与其打破垄断经营，改善渡船情形，不如干脆建一座桥，彻底解决摆渡问题。于是张公艺首倡其事，号召乡里的富户捐款建桥，并向大家详细解释了建桥的好处，一来可以方便过往行人，二来属于积德行善的好事。张公艺的动员很快有了回应，大家颇以为是，不久便有当地的九家富户答应捐款建桥，并且一致推举张公艺主事。

历时差不多两年，桥终于修成了，虽然规模不大，但过往行人已经非常便利，人们提起此事，都对张公艺赞不绝口。不过关于修桥的捐款，当时答应的九家，每家一千文钱，有八家都利利索索地拿出了钱，唯独一户姓唐的人家迟迟没有如约捐款。张公艺只身来到唐家，问其缘由，唐家说修桥捐款的事他家不参与了。张公艺说人生在世，岂能言而无信？但唐家恼羞成怒，不仅不出钱，还骂张公艺多管闲事。张公艺见此情形，知道多说无益，便起身告辞。其他八家听闻此事，纷纷指责唐家无信不义，都来劝张公艺到官府告他。张公艺说："讼则败家伤身，张某生平不参与诉讼。区区一千文钱，唐家不愿意出，我们张家多出一千文便是。"于是众人无话，都赞叹张公艺的忍让德行。

又过了几年，张公艺倡导修建的木桥，经过风吹日晒，加上济水上的氤氲水汽侵蚀，渐渐破败了。当时处于隋朝末年，世道不太平，维修之事就无从提起。有一天，来了一个骑马的年轻人，行至济水边，踏上木桥，却体力不支重心不稳，一个不小心翻到水中。张公艺恰好在河边带家丁习武，将其救起，带到家中医治疗养，不久伤愈离去。此人就是后来的唐太宗李世民。

李世民即位后，仍然记得当年受伤落水被救的事，为了报答张公艺的救命之恩，贞观九年（635），唐太宗派人至寿张旌表其门，赐匾"义和广堂"。同时为了方便一方百姓，敕命在济水上修建一座大型石桥，让开国大将尉迟敬德监修，因在古贤村旁，取名古贤桥。麟德二年（665）十月，唐高宗李治与皇后武则天封禅泰山，途经寿张县，亲至张公艺宅访贤，垂询张家之所以能数代同居和睦相处的原因，驻跸在该桥，因此它又被称作"访贤桥"。

此桥位于今台前县孙口乡黄堤北1.5千米古贤桥村南100米处。古贤桥村与古贤村不同，古贤村的村民多是张公艺的后裔，村民700多人大多姓张，1947年改名桥北张

古贤桥遗迹

村。古贤桥村的村民据说是先前护桥人的后裔，共300余人，大多姓岳，古贤桥村曾改名桥上村，不久又恢复旧名。古贤桥在清代咸丰五年（1855）的黄河改道中，被淤埋于地下。1993年和2006年，濮阳市文物部门和台前县文化旅游局合作，两次派人实地钻探，测到桥长约52米，宽6米，砖石结构，桥身呈西北—东南走向，桥顶位于地下5米处，桥基至桥面有7米高，一共13孔。若文献记载可靠，它距今已有1300多年的历史，比赵州桥只晚了28年，但规模远大于赵州桥，具有很高的文物价值和科研价值。

当地人知道古贤桥的价值，也对古贤桥情感颇深。据《台前县志》记载："抗日战争时期，许多文物被日伪军抢掠或毁坏，伪（寿张）县政府还将黑手伸向古贤桥，几次派人钻探，桥北张村（古贤村）村民冒着生命危险假指别处，终于保住古贤桥。"

四、遗德犹存百忍堂

唐高宗在麟德二年访贤时，问其所以九世同居之故，张公艺手书百余"忍"字以进，高宗深以为然，感动以至流涕。高宗回京后，念念不忘张公艺以忍修身齐家之事，御笔亲书"百忍义门"四个大字赐予张家，此即"百忍堂"堂号的由来。

堂号本意指厅堂的名号，但因中国古代同姓族人多聚族而居，堂号就成为同族人的共同徽号，表明家族源流，区分族属支派。古人为了祭祀祖先，在宗祠、家庙的匾额上题写堂名，所以堂号也指祠堂名号。堂号是人们用以弘扬祖德、敦宗睦族的符号标志，是寻根意识与祖先崇拜的体现。堂号的命名有多种情形，常见的有以地域命名者，如陇西李、琅琊王、清河张等。有以先祖的封号、官位、谥号、旌表褒奖命名者，如东汉名将马援，战功卓著，被封为"伏波将军"，马氏后人便有一支以"伏波堂"为堂号。有以祖上的道德情操命名者，如周氏"爱莲堂""忠信堂"、蔡氏"克慎堂"、许氏"居廉堂"等。也有一些堂号是以承绍祖先、垂裕后人命名的，如绍先堂、垂裕堂等。张氏家族的"百忍堂"，是道德情操和朝廷旌表的合二为一，张家以百忍之道修身治家，也因此获得朝廷赐匾"百忍义门"。

百忍堂之所以成为堂号，起于张公艺过世后的崇祀活动。因张家和百忍之道影响深远，祭祀张公艺的事已不只是张家的私事，也是国家提倡推广家族和睦相处的国事。张公艺死后第八年，唐中宗嗣圣元年（684），寿张县令姚祥报经皇帝批准，将张公艺像配享在寿张县学官。唐玄宗天宝六载（747），寿张县令刘公奉敕在寿张隅东（东关）特建张公祠，堂号"百忍堂"，并由张公艺六世孙张永岭负责祠内日常事务。自此，自唐至清一千多年间，历代均"择其后人之俊秀者，主公蒸尝（祭祀），以示风励"①。对此《历修始祖祠堂志》有详细的文献记载。

唐、五代及宋朝，朝代虽有更迭，百忍堂几度兴废，不过祭祀一直在进行："百忍堂兴废几更，新旧屡易，终未尝有祭祀之绝绪也。记其年表，六百余岁无其坎坷。"元至正三年（1343），"黄河水决寿邑，城廓尽被垫溺，我祖祠堂因而沦没。追忆庙貌，几几不可复振矣"！黄河决口，百忍堂被淹没。

明洪武十三年（1380），寿张县城由今日的山东梁山县寿张集迁至今日的山东阳谷县寿张镇，也就是从黄河南岸迁到了黄河北岸。明正德六年（1511），山东布政使司参政史学、寿张知县荀玄"念及张氏家族九世雍睦，百忍遗风，上表请建祠堂事，终于学官建祠配享，令二十六世祖讳裕者，复袭奉祀，主持蒸尝"。从1343年祠堂被黄河水淹没，至在寿张县新县城得以重建，时过168年。

---

① 张兴俭：《历修始祖祠堂志》，《张氏族谱》。

明万历四十二年（1614），寿张知县李仰在寿张县城东关外"复建新祠，肖像肃然，表为一邑之师"；崇祯六年（1633），会稽人兵备副使道陆梦龙"出赎锾银，饬县重修，又捐祠前东西地二亩，以广庙基，改增轮廓，东建蔬圃园，西立百忍堂石，右作更衣亭"。

百忍堂牌匾

清顺治七年（1650），黄河水再淹寿张县城，祠宇亭所尽被倾圮；康熙二年（1663），重葺祠堂，焕然鼎新；雍正十二年（1734），朝中司勋郭学师来祠主祭，见破损严重，"面谕重葺"，重修之后，庙貌巍峨，祖像庄严。

1932年，山东省立第八乡村师范学校占去百忍堂祭田十余亩，补偿张家大洋七百余元；张氏族人"用此款又购得祭田十余亩，并将祠堂涂抹丹素，焕然重新"。中华人民共和国成立以后，1956年，山东省人民政府拨款，对百忍堂进行整修。

然而，开始于1966年的"文化大革命"使百忍堂遭到了毁灭性破坏。1966年夏末秋初，阳谷一中、寿张中学的学生组成红卫兵，高呼"破四旧"，游行到百忍堂前，要求当地政府拆掉祠堂。桥北张村（原古贤村）张公艺的后裔获知此事后，20多位族人在当晚来到祠堂举行了一次特别的祭祀。随后不久，百忍堂的壁画、碑碣乃至整个祠堂院落，悉数被毁。

但张公艺后裔一直在考虑重建百忍堂，并且希望在旧址重建，但因行政区划有变，此举不太可行。1994年，张家后裔捐款，"奉捐输金，躬行义举",由台前县文化局主持,"决定于公之墓前重建百忍堂"。新建的百忍堂,正厅塑立张公艺像,形象还是一位大唐布衣;堂内墙壁上,也重新绘制了"唐王访贤"等壁画。

张公艺以"百忍"为修身治家的准则，宽厚是他待人处世的典型特征之一。张公艺的宽厚一方面与他自身的性格有关，另一方面是他长期主动修炼的结果。张公艺的宽厚有很多具体的表现特征，受到他人冒犯时，不怒不恼，不较横逆，甚至还诚心实意地教人向善。他还容忍家中仆人的不礼行为，宁愿损己以利人。张公艺待人处事，总是首先考虑他人，被人诬蔑，还为人求情，不计较自身得失，以宽厚赢得他人尊重。

一、不较横逆厚德待人

有一天，张公艺到亲戚家参加宴会，遇到一伙当地的地痞无赖也在那里喝酒吃饭，聊天的时候，言语跟张公艺非常不合。有个叫何伸的地痞头目坐在宴席的上座，大肆叫嚣："现在这个世道，要能说能打，能当大伙的头头，才算得上是英雄好汉。"张公艺听到这话，缓缓地说："凡为人处世，应当以仁义为重，以德服人，恃强逞势算什么英雄好汉？"何伸斜着眼睛看张公艺，张口便骂："你个杂种！敢跟我唱反调！"同伙的五六个地痞齐声骂起。张公艺哈哈大笑："人们都说何伸是好汉，谁知道不过如此。"何伸让大家停止喧哗，说："你们停一下，我来问他。"转向张公艺问道："是你自己多嘴招骂，并非我们主动骂你。不过你为什么听到骂声不怒反笑呢？"

张公艺回答说:"有好事来了,怎么能不笑呢?"何伸说:"是什么好事?"张公艺说:"你们六七个人骂我,我一个人不还口,你们六七个人的福气便都转移到我一个人身上,怎么不是好事呢?"何伸说:"你被骂这么丢脸,哪里来的福气呢?"张公艺正襟危坐,肃了肃脸色,说:"你们也算是人中尖子了,难道不知道福气随着忍耐而至的道理吗?所谓福随忍至也。"

张公艺顿了顿,看这些地痞无赖一时都不作声,继续说道:"你们且听我详细地说一说。你看这老天常被人骂,难道老天卑贱了?你看大地常被人骂,难道大地变薄了?皇帝常被人骂,他照样贵为天子;王侯将相常被人骂,他照样贵为公侯;士大夫常被人骂,他照样世代为官为宦;普通老百姓常被人骂,则能从忍让中得到福分。"

"你想想,天、地、人都常被人骂,天能忍、地能忍、人能忍,福分都是老天降赐的,财物都是大地施予的,这些不归我受骂的享用,还应该由谁得到呢?或者说因果相报,善有善报,恶有恶报,举头三尺有神明,每天都有神仙在观察世人的行为,并将观察结果报告给三司。神仙明察秋毫,人们在阳间做的事,神仙在阴司评量,恶人的福、禄、寿运会被斩扣,转加给善人。因此我知道福随忍至。"

何伸等人听闻此言,失神变色,呼朋引伴十八个人拜倒在张公艺面前,说道:"我们蒙昧无知,得罪先生,我们愿拜先生为师,改邪归正。以后不再做敲诈勒索和奸淫妇女的恶事,也不再做地痞流氓。永远遵守国法民约,发誓不再为非作歹,每天早晚听先生教诲。"

张公艺将他们一一扶起,请大家坐下,又把君臣、父子、夫妇、兄弟、朋友等五伦和孝、悌、忠、信、礼、义、廉、耻等八德给他们讲了一遍。何伸说:"我们这些人,没读过书,不知道天地神灵,不懂得阴阳报应。幸亏先生今天阐明,不让我们虚度一生,不再自己害自己了。"

纵观张公艺一生,以忍修身,以忍治家,以忍教人,时时处处事事将"忍"作为待人处事的方式和追求,其实从根本上说,是由其内心认定"福随忍至"的世界观决定的。

张公艺这种朴素的思想其实也与他的遭遇有关。曾经有一年,张公艺从姓王的一家人那里买了一头牛,商量好十二千文钱成交。张公艺已经将牛牵回家养了两个月了,姓王的这个人受到旁人挑唆,说这头牛至少值二十千文钱,感觉卖得太亏了。姓王的拿着当初成交的十二千文钱还给张公艺,非要把牛牵回去。大家都说姓王的太不讲道理。张公艺虽然愕然,但还是将牛牵还给姓王的。大家都笑张公艺太懦弱。

不知道是因果报应还是赶巧了,姓王的将牛牵回后五天,牛不但没以二十千文钱卖掉,还得瘟病死了。姓王的深感得不偿失,为了减少损失,将牛剥皮卖肉。碰巧有一个叫黄三哥的人,去官府告发姓王的宰杀耕牛。唐代时候,牛主要用于耕田犁地,是重要的生产工具,政府为了保护耕牛,颁布法令严禁杀牛,《唐律疏议》说,官私马牛,为用处重:牛为耕稼之本,马即致远供军,故杀者徒一年半。故意杀牛会被徒一年半。这时候,官府正在严禁宰杀耕牛,如果调查属实将被判徒刑。姓王的虽未宰杀,也怕被治罪,拿钱贿赂差人,前后费了三十千钱,才把案子销掉。乡邻们见此都觉惊奇,都说张公艺平日修行德让,有神灵保佑。

二、宽容仁恕损己利人

由于律令禁止杀牛,久而久之,社会普遍形成不杀牛、不吃牛肉的习俗,对牛的感情越来越深。即便老弱不能耕稼的牛,甚至老病至死的牛,虽然法无禁止,人们也大多不食用。

且说张公艺家有一头老牛,耕稼劳作一生,最后老病而死。张公艺感慨老牛一生为张家耕种所做的贡献,不忍心剥其皮食其肉,所以招呼家人好好地将它掩埋在济水河边。没承想,河南岸有一个人路过时刚好看见，这人回去以后便邀了街上一伙浪子，大半夜过来盗牛尸体。张家人看见后，赶紧过来报告给张公艺，张公艺马上过来阻止。没想到这伙人胆大包天，手拿凶刃，嘴里喊着要杀人，硬是把死牛抢了过去。张家人见此情形，打算一齐上前将牛尸体抢夺回来，张公艺赶快制止大家："不要闹出大事来，就让他们拿走算了。"张家人虽然愤懑不平，本着息事宁人的态度，也只好作罢。这伙强盗抢了牛回去，将牛肉煮了胡吃海喝。他们大概也没想到，报应来得这么快。这些人吃饱喝足后，要将剩余的牛肉分了，但因分配不均，互相打斗，拿着凶刃互相乱砍乱斫，砍死了三个人，砍伤多人。这么一闹，人尽皆知，官府迅速将他们抓起来。

张公艺在与人发生纠纷时，常能损己利人，宁愿自己吃亏，也要让别人占便宜。张家在唐代高宗时期，有良田数百顷，相当于今台前县全县土地的六分之一。张家虽人人参与劳动，劳力众多，但仍然是田多人少，没有足够的劳动力耕种家里的土地。因此张家把土地租给乡里的佃户，每年收取一定粮食作为租金。

却说有一个姓王的佃户，有一天让张公艺去他家里收租。张公艺到他们家以后，不料这家伙是个不讲道理的人，仗着酒劲儿殴打张公艺，说他在收租时大斗进小斗出，占佃户的便宜。张公艺于是慢悠悠地说："斗大心不大，秤小心不小。这样吧，你说我大斗进小斗出，这下不用我带的秤，只用你家的斗秤吧。"王佃户看张公艺这么从容不迫，知道冤枉了好人。于是跪地谢罪说："早就听说恩公您的仁德，今天一见，果然名不虚传。小人有罪，希望您多多宽宥。"张公艺丝毫不计前嫌，按数量称好租金，又从中拿出来一石，送给佃户说："你们一家八口都在我的田庄做事，我岂能只满足自己的粮仓而让你们家缺衣少食？但愿你能勤劳致富，将来也能置下产业才好。"佃户屡受张公艺好处，后来果然渐渐发达起来。

张公艺对待乡邻一向宽厚仁慈，对待家里的仆人更是如此。但世上总有一些人，将他人的仁厚当作懦弱，以怨报德，俗语所谓"人善被人欺"，大抵言此。

张公艺家曾经雇佣过一个姓周的长工，最初来到张家的一两年，张公艺每天早晚谈仁道义，不断地以仁义道德教化家人，周长工还比较听话，干活也踏踏实实，忠心耿耿。过了三四年，周长工摸透了张公艺的脾气本性，知道他待人厚道温和，渐渐地不听教训，傲慢无礼，甚至还言语无状，出言顶撞张公艺。张公艺对此一概忍让，并不疾言厉色地责备，本指望他自己能改过自新。后来发现周长工愈演愈烈，年底便结算工钱将他解雇了。

这个姓周的在张家做惯了，也习惯了主人的宽仁忍让，第二年换到王六家做工，仍然如此傲慢无礼。王六不比张公艺那么仁厚，不到一年就解雇了他。到了第三年，当地恰好遇到了大荒灾，人们纷纷缩减开支，减少雇工，姓周的名声又不好，因此没有人请他去做工。姓周的没办法，也没脸再求张公艺用他，迫于生计，便去当乞丐行乞度日，每日里饥寒交迫，饿瘦不堪。有一天，行乞到张家门口，张公艺可怜他，让人施舍他一碗饭，他没吃完就死了。张公艺慨叹不已，请人做了一副棺材将他埋了，还请了和尚为他诵经超度。

类似的还有张家曾经请的一个姓陈的私塾先生。张公艺尊重读书人，给陈生的报酬相当丰厚。没想到陈生的人品学识都不够深厚，性格脾气也不大好，每每懈怠功课，教学不尽职尽责，讲解经文经常糊弄张家子弟。张公艺一概忍让，不跟他计较。陈生习惯了糊弄懈怠以后，自败书香。第二年，张公艺辞了他，他便去了另一家教书。仍然是糊弄懈怠，东家不同意，不到一年，将他告到官府。官方调查清楚，斥责陈生败乱圣教。自此以后，人人都厌恶陈生，虽然他还经常骗别人说自己能教学，但他却再也找不到学馆谋生。碰到这一年饥荒，衣食不继，冻饿而死，尸骨都无人掩埋。张公艺念在曾经是主宾的关系，给他备了寿衣、棺材将他掩埋了。

张公艺家有一个叫吴正发的远邻，有一天过来找张公艺，跟他说自己田地里发现一具无人认领的死尸，因张公艺乐善好施，叫张公艺施舍棺材和墓地，自己愿意找人出工抬埋。张公艺听了这话，也乐得做一件好事，就答应吴正发去掘埋。谁知道吴正发叫人把尸体丢在地上，转身就回去了。张公艺没办法，只得喊人帮助埋葬。这时有人说，最好找官府检验一下再埋，免得生出祸患。张公艺又请地方长官验埋，安排酒席款待他们。地方长官都说吴正发无良，叫张公艺跟他讲讲理。张公艺说："施舍棺材免尸骸暴露，是一件功德无量的好事。吴正发无良，我不跟他一般见识。如果跟他分辩讲理，倒可惜了这件功德。"

三、怜人罪苦济人之困

张公艺曾遇到一个性格顽劣的人，姓王，平日里经常干一些耍笔杆子陷害别人的事情。王某故意将张公艺做的善事写成恶事，捏造事实，四处传播，诬陷张公艺不明是非，擅行赏罚，有伤王法，败坏乡风。恰逢县官来到这里，听到有人散布张公艺的不是，便知是有人捏造事实故意陷害。何况张家历代贤明，屡次被朝廷旌表，虽然非官非宦，却颇受乡邻敬重。县官既想还张公艺清白，又打算惩戒诬告之人，就贴出告示，让传播谣言的人到县衙来领赏金五百两。

王某见此告示，就到县衙领赏。县令说："如果是你散布的，可以领赏金；如果不是你散布的，你知道散布的人是谁，也有赏金。"王某说："是我散布的。"县令核对情况，确实没错，就将王某锁起来，同时让人传唤张公艺。

张公艺到了县衙，还不知是何事。县官说："张公艺，请将你做过的事，行的赏罚，一个个说出来。"张公艺说："县令大人明鉴，我做过的事太多了，忘了都有哪些赏罚，请县令大人差人到我们乡里进行调查，让乡邻来说明事实。"县官派差役到乡里调查询问，乡邻们听闻张公艺被冤枉，一天之内就写出证词一百二十张，都说张公艺是厚德君子。县官打听出张公艺为乡邻做的桩桩善事，赠送张公艺"礼让一方"的匾额。因王某诬告，县官打算杖责王某，并斩其三指刺字示众。张公艺这时还为王某求情，说杖责一下就算了，考虑到王某还有年迈的老父亲要赡养，斩指刺字就免了吧。县官答应了张公艺的请求，更加佩服张公艺的仁德慈让。

张公艺还有一次与此相似的经历。有一天，他去赶集，看到路旁睡着一个人，从这人身边走过时，刚好这个人惊醒。这人抬头一看，上前拉住张公艺。张公艺说："你为什么拦住我？"那人回答道："你趁我醉卧路边的时候，拿了我的钱。"然后将张公艺肩上挂的一千文钱拿去，两个人开始争吵不休。旁边人看了，询问缘故，两个人说了来龙去脉，商量好一同上街，凭场保（市场管理员）分辨。两人来到场保跟前，场保先问喝酒者曰："你的钱有多少？"那人答："我家有九口人难以度日，特地到舅爷家，借了一千文钱买食。醉卧在路旁，不料这位先生私自拿走了我的钱。"场保问："你的钱是用什么绳子串的？"答道："麻绳。"场保拿起钱一看，果然是麻绳串的钱。场保说："钱串虽合，不足为凭，我一向知道公艺先生是个君子。"张公艺说："吾称不上什么君子，但也知道见利思义，你一定要诬赖我，我立誓可分辨。又想到《阴骘文》说，'救人之急才是合适的'。"场保说："先生仁义道德，您自己裁度着办吧。"张公艺问丢钱的人叫什么，答道："姓袁，名长安。"张公艺说："你说刚才丢了一千文钱，还有别的东西没？"长安说："没有别的东西了。"张公艺说："我今天当着众人的面把钱给你，让你拿去。"众人都劝阻说，哪有这样的道理，让张公艺发誓以证清白，不要轻易把钱给他，要不然反而显得像真拿了他的钱一样，自取其辱。

张公艺说："有劳众位明训，我意已决，人虽然辱我，但天不辱我。各位要怜悯长安家有九口难以度日，倘若家人知道他因喝醉酒而丢了钱，难免争闹不和，恐怕有什么难测的后果。我把钱给他，以成全他一家人的和气。"众人都说："公艺是真君子啊。"长安将钱拿起，什么都没说就走了。公艺说："本来我打算买牛的，不料又买不成了。"众人都笑笑散开了。

过了几天，又逢集日，有两个人在街上打斗，来找场保理论。这俩人一个叫郭七，一个叫杨宝。郭七说："上次集日我跟杨宝同路来赶集，看见路旁醉卧一个人，身边放了一串钱，杨宝私自拿起来，并且说跟我平分，谁知道杨宝拿回来不分，因此才争闹。"杨宝说："是我捡的。"场保大怒说："你们两个，合伙盗人钱财，还连累张公艺平白垫钱。今天，你们又在闹市行凶打斗。"急忙呼人把俩人锁了，同时命人喊张公艺来。张公艺对来人说："有劳场保公平处理，我感激不尽，但我有事缠身，不能前来。"来人回告场保，说张公艺不来。场保问这两人："你们二人愿送官还是受罚？"俩人都说愿意受罚。场保说："杨宝趁人喝醉盗人钱财，罚钱五串；郭七从私心见利欲分，罚钱二串。罚款都用作修路，公布示众。"张公艺就是这样，对于困苦之人，受了诬陷也不辩白，宁愿自己受冤枉，损失钱财，济人危困。

四、被诬不计利人释隙

张公艺家左边有一家姓白的邻居，有一天，白某买了一头牛回来，谁知道当天夜里，牛就挣脱绳子走失了。苦苦寻觅了三天也没有结果。白某找到张家，看到张公艺家养的牛跟他走丢的牛比较相似，便问张公艺道："老爷这头牛，是我前天所丢的那头牛不？"张公艺说："如果是你的，你就牵走吧。"姓白的竟然真的把牛牵走了。张家人发怒不许，张公艺劝止说："任他牵走吧，他没有牛养，一头牛而已，能值多少钱啊。"白某把牛牵走后，没过多久，他丢的牛在树林中找到了。白某这才意识到自己犯了大错。

白某不知所措，有人说，应该摆一桌酒席来给张公艺赔罪，有的人叫他赶紧把牛还给张公艺。白某把牛牵出来还给张公艺，对他说："我冒认了您的牛，犯了大错，现在找到了我的牛，特地向老爷您赔罪，请您原谅我。"张公艺说："小事一桩，何足挂齿，何必说得那么严重呢？"

张公艺年轻的时候，父亲有一次得了急病，恰好有个江湖郎中经过，郎中诊断后说："这个得十两银子，我做一个药丸就可以治愈此症了。"张公艺马上把钱拿给他。没想到这个人是个骗子，拿到钱以后竟然偷偷地跑了。之后张公艺侍奉父亲衣不解带，须臾不离左右。有一天表弟来探望，说前几天碰到一个江湖郎中据说治病不错，两人交流之后，发现正是前几天骗钱的那个郎中。表弟说："既然受骗，马上找人追回吧！"张公艺说："算了，已经走得远了，老人需要照顾，何必再麻烦追他。只当是施舍了他吧。"就此作罢。张公艺为父亲的病成天跪地祈祷，愿以自己的命折寿来延长父亲的命。过了十几天，父亲的病竟然痊愈。

张公艺有一个姓封的邻居，家里很穷，一家五口人难以度日。人穷志短，就生出一些邪念来。有一天请张公艺到他家，说是有事相求。张公艺是个有求必应的人，所以毫不犹豫地去了封家。到了之后，发现只有封妻一个人在家。封妻年纪颇轻，衣着虽然寒素，但长得颇有几分姿色。留年轻妇人招待客人不合礼数，张公艺感觉有些奇怪，便问："你丈夫请我来，怎么不露面？"封妻说："丈夫去拿酒了。"张公艺听了这话，转身打算离开。封妻见状，上前拉住张公艺的衣角，嬉笑着说："奴婢愿意侍奉您老，包您老开心，何必急着走呢？"张公艺醒转过来，登时大怒："贱妇无礼！"封妻见色诱张公艺不成，跪下讲出实情："奴因家有五口人难以度日，与丈夫商议，让奴侍奉您老，讨您欢心，与君借十千文钱以度饥寒。"

张公艺既恼他们设下圈套陷害，又可怜他们一家贫苦，叹了口气，说："你们穷也要穷得有志气，不要设下害人之局害人害己。你们若是不顾羞惭丧失廉耻，违背天理人伦，不唯自己穷苦一生，死后也有余罪，子孙还要受连累，背负一生污名。"封妻说："先生说得有道理，奈何我们家中贫困，无所依靠。"张公艺说："你们夫妻要为人正大，勤俭持家，不设欺诈之心，勿用骗人之意，自有发达之日。告诉你丈夫，到我家拿钱吧，我借给你们十千文钱，再给你们一石大米。现在正值牛涨价，让他从别的地方买牛贩卖，必然能获利。"封妻说："恩人如此大德，没世难忘。"后来封某按张公艺指导的方法，拿着借到的钱去贩牛，果然赚钱不少，将张公艺本利都还清还有很多盈余。后来封家子孙勤俭持家，发财致富，一家人都十分感谢张公艺的大恩大德。

张公艺受了诋毁也毫不计较。且说张公艺倡导修建济水河上的古贤桥时，自己捐了百金，说服乡里的大户家族共募集了九百余金。修建大桥的时候，张公艺日日操劳，丝毫没有漏洞。其中一家捐款的人想侵占公款，但是没有机会下手，便向众人散播流言，说："张公艺倡导大家建桥，其实是假公行私，募集众人钱财，以中饱私囊。"张公艺听说了假装不知道，并不理会，一味督促修建，待大桥竣工后，请捐钱的人家一起过来清算，除所捐款项外，花费还多了百金。张公艺对大家说："这花费超出来的部分应该怎么办？"大家无言以对。张公艺说："那也算我捐出来的吧。"众人称赞曰："张公艺真是个一心一意干好事的人啊！古语说，道德修养到了一定程度就会受到诽谤，好事干多了也会招来诋毁，就是说这种情况啊。"

中国古代长时期的农耕经济，形成自给自足的生活方式。从文献记载来看，张公艺家当时就有各种专门的作坊，如制衣坊、酿酒坊、阿胶坊等。张家的阿胶配方在经过长期传承改良后，形成了祖传药方，名曰十全大补丸，能够滋补身体，强身健体，乃至医治许多种疾病。当时有一个叫严见才的人，家里十分贫穷，有一个女儿二十二岁，病了一年多了，眼看病情越来越重，即将撒手人寰。严见才人穷志短，打算加害于张公艺，便求张公艺赐药丸以调理女儿的疾病。张公艺给了他一剂药丸，拿回去吃了一半，第二天，严见才的女儿就死了。严见才马上来找张公艺的事，当时梁一善恰好在张公艺家。

　　严见才一到就说："多谢你给了杀人的药丸，让我女儿吃了就死了。"张公艺说："何出此言啊，这个药用的人多了，治好了很多人啊。"严见才说："那我不管，反正我女儿是你的药丸毒死的。"梁一善说："听说你女儿病了有一年多了，怎么能怪药丸有毒呢？"严见才说："我要把女儿的尸体抬到张公艺这里来。"张公艺说："药丸还有剩的吗？"严见才说："吃了一半。"张公艺说："那你去把剩的药丸拿过来。"

　　严见才回去拿药丸，梁一善说："这个人无良，打算加害于你。"张公艺说："我自有分辨。"不大一会儿，严见才拿来药丸递给张公艺。张公艺说："你说我的药丸有毒，我拿来试试，如果我吃了死了，算我偿你女儿的性命。"严见才说："你试我也要坟地和棺木，不试我也要坟地和棺木。"梁一善说："看你这情况，是因为没有棺木才这么着的吧？"严见才说："给棺木的话就不说药丸有毒了。"梁一善说："怎么能这样呢，即便不给棺木也不能说人家药丸有毒啊，破坏人家医药的名声。"张公艺思索良久说："去把我家的棺木拿走吧。"严见才说："多谢多谢。"这块棺木约值二千文钱，竟然就那样让严见才抬走了。

　　张公艺好心被人如此陷害，心情非常郁闷，梁一善劝解道："今日你发善心施药又施木，以后当既贵又富。"张公艺说："从这件事可以看出，凡是行医治病的人，开药的时候一定得谨慎，可以当着他的面尝尝，不至于被陷害。"梁一善说："这也是一个办法。"

　　过了有一个多月，严见才家一家子都生病了，家里的耕牛无人喂养竟至饿死,又恰逢农耕时节非常繁忙,所以不得已,又厚着脸皮托人去张公艺家求药丸。张家人经过前一次被陷害的事,不肯把药丸给他,张公艺说:"帮助别人的事,怎么能计较过去的冤仇呢?"随即给了一剂药丸。严见才一家人吃了药以后病全都好了。后来严见才非常感谢张公艺不计前嫌,十分懊悔自己做过的恩将仇报的事,见人就说:"恩将仇报的人,一定要以我的教训为借鉴啊。"

张公艺之慈悲怜悯

张公艺待人厚道，又宽容仁慈，无论是对物还是对人，无论是对老人还是对孤儿，都慈悲为怀，体恤别人，做善事解决别人的困难。对于卖妻葬母的邻居，他替人出钱，保全邻居夫妻之义；收留孤儿，救济饥寒，出钱资助朋友的孩子上学。对待鱼虾鸟虫也倍加爱护，不仅自己不忍伤害，还出钱出力劝人重生惜物。

一、敬老怜贫慈悲为怀

张公艺仁厚之名远播，当地无人不知。却说有一日，张公艺正在书房教子读书，忽然来了一个乞丐，年岁比较高，家人忙拿来一碗饭施舍给他。谁知他不但不感谢，反而嗔怒责怪道："我早就听说张公艺厚德怜贫，我来打算讨顿饭吃，再讨件衣服穿，怎么只拿了一碗饭就叫我走？！"家人闻听此言也很生气，说："我们又不欠你的，凭什么一定要给你！"谁知乞丐开始大声咒骂，家人发怒，唤仆人过来把乞丐打走。张公艺听到闹事赶快出来，正看到仆人要打走乞丐，急忙制止仆人，问到底是怎么回事。仆人说："这个老乞丐强讨强要。"张公艺呵退仆人，看到老乞丐年岁已高，身上衣不遮体，两只脚还流着血，两只眼睛流着泪，嘴里不清不楚地说着话，见了张公艺就跪下来，也不说什么。张公艺问："老人家贵姓？今年多大岁数了？"乞丐说："姓龚，虚度七十八年了。"张公艺问："脚怎么流血了？"乞丐说："被狗咬伤了。所以特地来向先生讨顿饭吃，讨件衣服穿。"张公艺马上让人拿来一件衣服，端来一碗饭，乞丐感恩致谢而去。张公艺借此教育家人要敬老怜贫。

张公艺家附近有一户独生子叫唐在良，门单势孤，无所依靠。因为家里贫困，把大约值百金的全部家业都抵押给了张公艺，与张公艺借了八十千文钱，每年的利息是三石二斗谷子。多年以来，张公艺都没有收够利息。这年恰逢灾荒，庄稼收成不好，唐家交不上利息。唐在良来与张公艺说，张家补钱二十千文，唐家愿将全部家业卖给张公艺，然后去其他地方谋生。张公艺见唐在良老实本分，勤俭治家，只是恰好遇见荒年难以度日，就劝唐在良："利息可以缓期，权作你家的家用，你勤奋农耕，将来自有丰年。变卖家业万万不可。失业容易，置业难，守住家业就可以对祖宗留下的功德有个交代。"唐在良听了这话，深有所悟，非常感谢张公艺对邻居这么仗义。后来唐家时来运转，果然积累了丰厚家业。

话说有一天，张公艺到东边的邻村去，路上遇见熟人说起邻村的艾芝兰，家里太穷，母亲去世了无钱料理后事，打算把妻子嫁给陈元，换来一两二钱银子葬母。陈元已经付了钱，三天之内就来接人。张公艺听了这事，沉思良久，然后叹息说："不能破坏别人的婚姻。"

张公艺当即赶到艾芝兰家里，询问这件事的前因后果，艾芝兰以实相告。张公艺说："为了料理母亲的后事，采取典卖妻子的方式来尽自己的孝道，这也是出于真情。但是这种做法却违背了天理人伦，不如再想个别的办法，能够两全其美，才算更好。"艾芝兰说："实在是无计可图啊。"妻子在房中听到这种话，放声大哭，出来跪在张公艺面前，一个响头磕在地上。张公艺赶快制止她说："快别这样。这样吧，这个钱算我垫出来，但我希望你们夫妻能够长相厮守。"艾芝兰也过来跪在张公艺面前："若是我夫妇不长相厮守，愿意接受老天的惩罚。"

张公艺让艾芝兰去喊陈元,一起来张公艺家收银子。不一会儿,两个人都赶到了张家。陈元说:"莫非是张先生想娶这个女人吗?"张公艺说:"不是这样的。艾芝兰嫁妻子是为了尽孝道,我不忍心他们夫妻离散,所以特地麻烦你把银子收回去另娶他人。"陈元说:"这可万万不能够。是艾某自己找到我的,又不是我去找他的。除非加倍还我,否则别想让我收回银子。给我二两四钱银子我才收回,要不然就免谈。"张公艺说:"人家收你的银子才一天,何至于加倍?"陈元说:"这事跟你什么关系?你多管闲事,小心挨刀。"张公艺把艾芝兰叫到一边说:"我们就加倍给他吧,看他怎么说。"艾芝兰说:"行,就加倍给他。"陈元无言以对,把银子收好,指着张公艺骂骂咧咧地走了。

陈元后来又遇到了类似的事情,姓钱的一个浪子从陈元那儿拿了二两三钱银子,要把妻子黄氏嫁给陈元。黄氏听说了这个事,悄悄地跑回了娘家,跟娘家弟弟黄青说了此事。黄青凶恶无比,听了姐姐的话,立马拿着刀赶到陈元家问个究竟。陈元无言以对,被黄青抬手一刀,刺穿了肠子而亡,案子闹到了官府。却说艾芝兰夫妻感念张公的恩情,勤俭致富,子孙也读书做了官,都称张公艺为大恩人。

二、济人急难恤人孤寒

张公艺还经常济人之急,恤孤救人。相传张公艺有一个姓陈的结拜兄弟,陈家遭遇疾病,一家几皆亡,只留下一个儿子叫陈敬安,年龄小无人照顾。张公艺把他收留到自己家,让他跟张家子侄一起上学读书,替陈家打理家财数年。另外,张公艺还照顾了一个叫王原举的朋友的儿子王澄,此事影响比较大,元人还把此事编入了杂剧《张公艺九世同居》。

一日,听到有人拍门,张公艺让门房过去开门,看到一个衣着寒素的年轻男子,在风中飘然独立。虽然衣衫破旧,但风度翩然,给门房施了一礼,不卑不亢地说:"请报与张先生,晚生王澄,先生故友王原举之子,特来见老员外。"门房说:"好的,您稍等。"门房快速地把消息报给张公艺,张公艺说:"当初,王原举与老夫有过一面之交,请他过来吧。"门房应声去请。

王澄见到张公艺,施了一礼。张公艺说:"孩子,你有什么事,来到这里?"王澄说:"不瞒您说,我父亲曾与您有过一面之交,如今我父亲不幸,已经亡故三年了,停柩在堂,无钱殡葬。如今只有老母在堂,别无其他亲故。想您有疏财仗义之心,全望您可怜,借些钱物,以埋葬我父亲。若蒙俯允,此恩此德,终身不敢忘怀。"张公艺听了,唏嘘不已,感叹生命无常,同情王澄的遭遇。张公艺稍作考虑便有了主意,差家人拿来若干银两,说:"孩子,你说的这些我都一一记在心头了,我有个主意你听一下。这里的十两银子,用来埋葬你父亲。料理完你父亲的后事后,你就上朝应举求官。另外这十两银子,给你做盘缠,门口那匹马也送给你代步。孩子,路远不及吊问你父亲,你且别怪罪。他日你以文章显达,光耀门楣,才免你母亲的忧愁。"王澄千恩万谢地接过鞍马、衣服、银两,说:"多谢您的恩情,若王澄异日发达,此恩必当重报。"王澄辞了张公艺,回家去料理父亲后事了。

后来王澄果然一举登第,官至黄门侍郎。王澄知恩图报,一直记挂着张家的恩情。后来唐高宗封禅泰山,路过寿张县,王澄趁机向高宗奏对张家九世同居满门和睦的情况,加上北齐和隋朝对张家的屡次旌表,高宗遂生出访贤的念头,亲至张公艺宅,问其所以九世同居的秘诀。张公艺手书一百个"忍"字呈给高宗,高宗龙颜大悦,赐绢帛百匹,免除张家一应差役,赐张公艺长子官职,赐匾"百忍义门",旌表门闾,使张家的声名达到极盛。

张公艺一介布衣,屡受旌表,亲蒙皇上诣宅垂问,其道德人品,高山仰止。他一生救恤孤寡,帮助弱小,创立义学让贫困孩子读书,扶危济困助人丧葬嫁娶，正如他那年中秋与儿子所说的，救济他人是他一生的两大心愿之一。张公艺还有一个心愿，就是造一所池亭园馆，散心悦情。他热爱山水清幽，喜欢菊松芳秀，做得一个忘情闲人，乐得一生诗酒逍遥。远离世宦，隐于乡间，大概才是张公艺真正的心愿追求。

三、阴骘怜悯舍己从人

张公艺一生时时处处为他人着想，凡事多能舍己为人。有一年，张公艺把家里的一头牛卖给了贩牛人，得钱二十四千文，双方钱货两清。不想过了一天，牛意外死亡。贩牛的人不好去找张公艺，只能哀叹自己命不好。想到一家数口都等着吃饭，自己只有贩牛这点本钱，如今牛死了，一家人该如何过活？想到这些，不由悲从中来，在路边守着牛痛哭起来。有人路过，问明缘由，回来碰到张公艺，将事情一五一十跟张公艺说了。张公艺听了后，立马赶到贩牛人身边，果然看到他正守着牛痛哭。张公艺问："牛死了你哭什么呢？"贩牛人见是张公艺，跪下来哭着说："这头牛是我的命啊，我只有这点本钱，牛死了，我也活不了啊。我们一家人都得饿死。"张公艺说："算了，别哭了。这头牛本来是我的，你牵走才一天。你把钱拿回去，我找人把牛拉走埋了。"然后叫贩牛人来家拿钱。贩牛人说："感念先生的大恩大德。我们买卖已经钱货两清，如今你可怜我，这钱咱俩平摊吧！"张公艺不同意，找了十几个人把死牛从集市上抬回来，挖深坑埋了。人们见了都感叹不已。

张公艺走到路上，看到路两边的荆棘伸到路中间，往来行人经过，总是擦刮人头，而且坡陡路险，往来十分不便。于是就拿来柴刀锄头砍刺挖路，一个人辛辛苦苦把路弄妥当了。正好这时候是夏天，到了午后，张公艺劳累了半天，把锄头放下，去路边林子里歇会儿凉。正在这时，过来一位老年人，看到路上有一把锄头，因为树木遮挡，他没看到张公艺，便高兴地说："感谢老天爷帮助，我运气真好，正缺一把锄头干活糊口呢。"说完，他四处看看没有人，拿起锄头飞奔而去。张公艺看得清清楚楚，本来打算喊住这个人，转念想了想，此人年近七旬，家本贫乏，又恐怕伤了他的面子。不如把这把锄头送给他，成全他干活谋生去吧。何况用一把锄头除棘挖路，怎么能抵得上救济一个饥寒农民的恩德呢。所以就没惊动他，任他拿起锄头走掉了。

有一天在赶集的路上，张公艺看见路旁一个妇人搂着一个小男孩儿在痛哭，张公艺忍不住上前问道："请问这位少奶奶，你因为什么哭得这么悲伤？"妇人拭了一下泪眼答道："我有难言之事，先生请别管了。"张公艺说："这天地间哪有什么难言之事，我愿闻其详。"妇人说："那就请您坐在这旁边，奴家一一跟您道来。"

然后妇人一边哭一边说："我也顾不得羞惭了，跟您诉一诉苦，先生别听得不耐烦了。我父亲是个小有名气的人，曾是一名贡士，将我许配给胡凤骞为妻。结婚三年，公公去世了，婆婆心狠手辣得无法形容。我丈夫在儿子一岁半的时候去京城赶考，这一去就是六年半，一直杳无音信。婆婆是丈夫的继母，折磨得我们母子痛不欲生，日子过得比黄连还苦，每天吃菜根为生。但是现在，这种日子也没得过了，我儿子如今不满八岁，却要面对母子分离。婆婆生出毒计想害死我，私下勾结一伙无赖恶棍，要将我嫁给他们糟蹋，今天夜里就要来抢亲。幸好我从娘家带来的随嫁仆人偷听到了他们的毒计，悄悄告诉我实情。我这才在今天早晨带着儿子偷偷逃出来。可是逃到这里却无处可去，如今正打算寻死，去阎王殿上申冤，只可惜要丢下我可怜的儿子一个人了。"

妇人一边说一边哭，越哭越伤心，说完就要以头撞石头打算寻死。张公艺连忙制止她说："有我来救你，你不可轻生。"问她："听你说的话，像是读过书？"妇人说："我在家读过十一年书，我名字叫封连英。"张公艺说："你娘家离这儿有多远？父母兄弟还在吗？"妇人说：

"娘家离这儿九十里，父母兄弟都没有了，只有一个叔叔叫封仕举，也是个读书人，在关帝庙那儿设私塾教学，离这里四十里路。"张公艺说："你暂且去你叔叔家躲避一下。"妇人说："妇弱儿幼，寸步难行，肚子又饿，请恩人想办法救救我们母子吧。"张公艺说："我出钱喊一乘轿子，送你们母子到封仕举馆中。"并且留下点银钱供他们母子路上花销。妇人感激不尽，千恩万谢地说："恩公请留下姓名，待奴来日结草酬谢。"张公艺将姓名告诉她。然后也不赶集了，回家以胡凤骞的口吻，给胡凤骞的继母写了一封信，另准备了二千文钱，让人一并火速送给胡凤骞的继母。

　　胡凤骞的继母找人打开书信，信中说："不孝之子胡凤骞跪在母亲面前禀告，受祖宗保佑，儿子在科举考试中取得了功名，朝中事重，一直脱不开身回家，特写这封信让母亲放心，请教育我的妻子要孝敬老人，明年春天我再回去看望母亲，接受母亲的教诲听从朝廷的安排。信中不能尽言，请母亲原谅儿子的不孝。"读完，胡凤骞的继母大吃一惊，心想："都说我这儿子多年杳无音讯，定是死了，没想到他居然考取了功名。这下完了，我已经以三锭银子把他妻子许给了别人，今天晚上人家就要来接人了，儿媳妇还在东楼上关着呢。"想着，赶紧跑到楼上去看，看完更惊：儿媳妇不见了！只看见房子旁边搭的云梯，想来定是从这儿逃跑了。

　　胡凤骞的继母喊来仆人问："大少奶奶去哪儿了？"仆人说："今儿一大早就出去了。"然后又说："杨大五爷骑着马来了。"胡凤骞的继母惊慌地说："这不是要把我逼死吗？！"于是拿着信去见杨大五爷。杨大五爷是个无赖恶棍，看完信，向胡凤骞的继母索回原定的三锭银子，然后说："你这女人害得我白费心思，弟兄们，把这老女人带走，送给兄弟们娱乐消遣。"可怜这个胡凤骞的继母，都快五十岁了，害人终害己，被这一群恶棍带走了。

第二年三月，从京城传来胡凤骞考中进士的消息，不久他封了官，衣锦还乡。他提前派人通知乡里，封仕举也把封氏母子送回家中。胡凤骞回到家里，得知妻儿的遭遇，亲自到张公艺家里，感谢张公艺的救命之恩。

四、放生动物爱惜粮食

张公艺不仅对邻居亲友仁义慈悲，对动物也非常爱护，以勤俭持家，爱惜粮食。今天的人们，由于环境恶化，生态保护意识日渐增强，对动物的保护更加重视。但是之前的人们多无此念，张公艺对动物的爱护，则完全是出于自身的仁德之心，重生惜物，自己不伤害飞鸟虫鱼，还阻止别人打鸟捕雀。

邻居黄某喜欢喂养禽鸟，又擅长捕雀。有一天，他打鸟回来，在路上碰到张公艺，两人在路边坐下，张公艺劝他说："小黄，世界上的万事万物都连着上天的心，这些各种各样的动物活在世上，向人们预报四时八节，提醒人们春、夏、秋、冬四季，让各行各业的人能按时节安排工作。飞禽走兽和人一样，也是有感情的。它们从来不向人们讨衣讨食，它们饥饿寒冷又有谁能关心呢？它们养育幼崽的时候，跟人抚养幼儿一样悉心，为了得到一点食物都要冒很大的风险。躲来躲去，唯恐被人发现，更怕人们设计捕捉。有时不小心误入人类的圈套，导致它们夫妻母子分离，哀痛不已。雀儿失去伴侣就会形单影只，在这座山上哀鸣，在那座山都能听到。雀儿吃不下东西的悲伤心情与人类一样。上天已经合理安排了各种生物的命运，伤害幼禽打破雀卵的人都会受到上天的惩罚，折减寿命，终生受苦受穷。世间杀生的人都要遭报应，爱惜生灵才能发家致富。以后改作其他行业吧，不要再打鸟雀了，莫要让好端端的人生误入歧途。"

姓黄的邻居听完这番话,给张公艺重重磕了个头,说:"感谢先生的批评教育,我这一辈子都不会忘记的。"小黄回到家,把捕到的鸟都放了,并且烧毁捕鸟用的工具,烧香发誓,以后永远不再伤害生灵。后来还将一些小动物买来放生赎罪。

张公艺的邻居小黄属于容易教育感化的那种人,他养鸟捕雀是为了获利,经过聆听张公艺的一番道理,小黄被说服后就不再伤害生灵。相比而言,另外一个邻居李权被感化的代价就大了些。有一天,李权的小儿子掏了五只小鸟,张公艺跟那个小孩说捕鸟不好,连哄带吓让小孩把小鸟放生了。李权最喜欢吃鸟肉,回来听儿子讲了这件事的经过,晚饭后他借着酒劲去找张公艺理论。张公艺正在看飞到院里的鸟吃食,忽然听见李权的骂声,要张公艺还他的鸟,不然就要打架。张公艺无奈,给了他一百大钱才罢休。李权回家后,想想儿子被哄骗放了鸟,虽然得到了张公艺的补偿,但还是生儿子的气,找了根棍将儿子一顿乱打。儿子赶忙躲避,急忙往外奔,结果不小心摔了一跤,把腿摔断了。儿子被抬回家后伤势很重,李权酒醒之后,后悔不迭,开始反省自己的行为过失。后来碰到张公艺,李权问道:"先生提倡放生鸟,放生有什么好处呢?"张公艺说:"上天有好生之德,人们应该遵守上天的意旨,如千古圣贤所教育我们的那样爱护生灵。"李权懊悔道:"早知道这样,我就不吃鸟肉了,也不会遭到现在的报应啊。"

有一年农历二月,张公艺看到邻居杨某的秧田在放水晒田,水流走以后,留下无数的小虾在田边跳来跳去地挣扎,眼看就要干死。张公艺叹息一声道:"上天有好生之德,蝼蚁尚且偷生,小虾也是一种生命啊,这成千上万的小虾,我得想办法把它们救起来。"时间紧迫,张公艺随手拿起簸箕,撮起小虾放进去,把它们转移到邻近的小河里。没想到杨家的小子见了便骂,说他踩踏秧田。骂了一会儿看张公艺没有反应,便回去向家长说。杨某来到近前,看见张公艺撮起小虾转移到河里,问张公艺："为何这么爱惜小虾的生命呢？"张公艺说："小虾的生命虽然卑微，但是上天有好生之德，我看见这些小虾即将干死，就想把它们放进河里去。"杨某说："张公艺你真是爱惜生命啊。"张公艺说："耕田种地的人，更应该爱惜生命。"杨某说："我很想听听其中的道理。"张公艺说："见野兽而不伤害它，是心里爱惜的缘故；见蛇而不打它，是手上爱惜的缘故；见蝼蚁而不踩踏，是脚下爱惜的缘故；见鸟雀而不网捕，是眼睛爱惜的缘故；见鱼鳅虾蟹螺蛳，但凡水族山生的小动物们而不捕捉，是整个身心爱惜的缘故。耕田种地的人进出田地，身手脚眼不注意而伤害到生命，上天也不会怪罪人的不爱惜。不过，还是能爱惜生命的好。"杨某说："能爱惜生命有什么好处呢？"张公艺说："爱惜生命的人，是顾全上天好生的大德，他所能得到的好处也是上天所赐予的。正如文帝所告诫的：'走路上要看着地上的蝼蚁，严禁放火烧山林。'又说：'禽鸟虫鱼宜放而不应囚禁，时日光阴宜珍惜而不应懈怠。'又有《感应篇》云：'不要无缘无故地杀龟打蛇，就是所谓重惜物命的道理啊'。"杨某说："感谢您的教诲，我这辈子有幸知道重惜物命啊。"

张公艺不仅自己出手救助小生命，还曾出钱放生。这一年农历四月初八，张公艺买了许多鱼、虾、泥鳅放生。乡里有浪子八人，就在河边等着，等张公艺将鱼一放入河，他们就出手捕获。张公艺对浪子八人哀求道："愿请诸位到我家来，有酒肉相款待，请不要再捕捉它们了。"一个浪子大声说："你放你的，我捕我的，跟你有什么关系？居然想着以酒肉来感化我们。"说完仍旧下河各自争抢捕鱼。张公艺无奈，只得对着上天拜了几拜回去了。说来也巧，不想忽然之间乌云四合，风云变色，狂风大作，暴雨倾盆。捕捉鱼鳅的浪子八人慌乱之间看不清路，在水里不辨东西，淋了场大雨，差点溺毙在水中。过后他们惊魂未定，认为是张公艺放生感天，再也不敢故意伤害鱼鳅了。

张公艺仁德为怀，救危济难从来都是大方慷慨，从不吝啬。但他对待自己和家人勤俭节约，杜绝浪费，从不为体面而大肆铺张。有一天，张公艺去邻近的亲戚陈淘家，看见宅院附近泼了很多剩饭，进屋又看到屋檐前遗落的米粒。见到陈淘，张公艺问："陈兄宅院附近为何有那么多饭？"陈淘说："是敬送孤魂所泼的饭。"张公艺问："那房檐前撒的米又是为什么呢？"陈淘回答："道士作法祭奠孤魂所撒的米。"张公艺说："怎么不珍惜粮食呢？"陈淘不以为然地说："敬送孤魂又用不了多少粮食，能值几个钱，何必那么看重？"张公艺说："你们家大业大，丢点粮食可能无所谓。在我们家，粮食就像金玉一样珍贵，绝对不允许浪费的。"陈淘恼羞地说："你说话就好好说，怎么讽刺人？明明我家没有你家家业大，怎么反倒说我家大业大？"张公艺慢慢地说："你耐心地听我说。不是我讽刺你，我是不忍心看你浪费粮食。粮食来之不易，应当像爱宝一样爱惜，连家畜家禽都不能多养，免得浪费过多粮食。"陈淘说："那按你说的，就不能敬神祭鬼了？"张公艺说："祭祀古已有之，但是古人已经有爱惜粮食的观念，祭祀用的粮食会用器物装起来，祭完再食用，而且认为食用祭过的食物是一种荣耀和吉利的事，从不丢弃浪费粮食。"陈淘说："多谢您指点了我。以后我们敬神祭鬼的粮食也先用器物装着，以免浪费。"

张公艺这么提醒别人，更是这样要求自己和家人的。当初他家第一个儿子出生时，举家欢庆，家奴说："夫人初生少爷，理宜宴宾作贺。"张公艺说："不可。世人皆以生子为喜，我反以为忧。这世上逆子多，孝子少，我德行浅薄，现在有了儿子，不知道他长大怎么样。"然后对家里上下说："你们按我说的，不摆筵席宴宾作贺，也不准宰杀猪羊。让夫人好生休息，不要劳作。大家都不许穿红戴绿打造银饰庆贺。这等铺张浪费的事概不许做，为幼儿祈福。"家里有一个姓秦的仆人听了感慨良多，说："这才是主人家最有道理的教诲啊。以前我家也曾有万贯家财，就是因为体面铺张而败落了。父母生我们兄弟七个，办了七次宴席，七人结婚又办了七次。四季衣帽光鲜，体面无比，人们都叫我秦大公子。后来遇见灾年，三年干旱无雨颗粒无收，但家里的花销依旧庞大，不知不觉就把家产败光了。现在想来，都是挥霍浪费不惜福缘所致。"张公艺说："人要居安思危，所以我们家禁止杀戮生灵，不许宴请作乐，穿戴朴素，就是免得落个缺衣少食的下场。你现在已经醒悟，兢兢业业地做事，以后日子还是会过好的。"

后来唐高宗访贤，赐张公艺长子张希达官职，众亲友欲来宴贺，张公艺委婉拒绝："请各位高亲贵友体谅我家贫寒无力宴请。"大家都说："你这太节俭了，我们愿意出钱助你做个体面。"张公艺说："蒙列位厚爱，确实不敢。我这孩子才疏学浅，蒙皇帝抬爱赐予一官，只是侥幸而已，庆贺未免太早了。"有人暗暗笑他小气，亲友中也有一个人说："张公艺此话让我们羞愧。我们这地方风俗浇漓，大家都追求虚名，好体面，宁愿借债变卖家产也要大吃大喝，奢侈浪费。张公艺为人，俭约积德，忠厚行仁，哪是我们一般人能比的。"众人听了这话深以为然，都感叹不已。

一、谏亲行善怜贫积福

张公艺平日里扶危济困,救急救难,帮助过很多亲戚、邻里、朋友,收养童仆,资助朋友儿子上学应举,费了不少钱来做这些善事。张家祖上一向以勤俭治家,母亲看张公艺如此费钱行善,难免担忧日后贫困。有一天,张公艺从外面做善事回来,看见母亲面有忧色,急忙跪在母亲面前,叩问母亲为什么这么忧伤。母亲责备他说:"过去那些年,我们家费尽心力,辛苦经营,才攒了这么点银钱。如今你花钱大手大脚,把很多钱浪费在善事上,我担心你日后受穷过苦日子,这是我所忧心的事情啊。"张公艺马上向母亲叩头赔罪说:"母亲教儿子爱惜银钱,儿子觉得有道理。儿子也知道母亲过去积攒家产的艰辛,儿子就是想把母亲辛苦攒的钱拿来做善事,为母亲积德纳福,愿母亲能够长生不老。儿子以后即便贫穷也毫无怨言,希望母亲宽心,不必为儿子担忧,老天哪有不保佑善人之子的?哪会反令善人贫困呢?"母亲见张公艺真心行善,经常督责他,试探他会不会改变初衷。后来他们母子的贤名远播乡里。

张公艺有一个本族叫张元才,有一天他邀请张兴、张公艺父子俩来看祖坟界线。发现邻居鲁某占去张家坟地有数丈宽,于是唤来鲁家人对验。鲁某说:"本来就是我的,怎么能说是我占的呢?"张兴说:"我们认为你占了我们的坟地,你却说本来就是你的，我们说话得有凭据。这些坟地早些年分界的时候，地下有撒的石灰为印迹，挖开看看就知道了。"当即让人挖开以后，发现果然是鲁家多占了地，鲁某无言以对。

旁边有围观的人说："占界窃耕，按理应当向主人交租。你们鲁家私自占用张家坟地耕种八年，理应交租豆一石八斗，并且把占的土地悉数归还才对。"鲁家也并非土匪恶霸那样的人，无奈家境贫寒，人口又众多，听了这种说法，禁不住流下眼泪。张公艺说："这事以后再说吧。"

然后张公艺请旁边围观的人来家，置酒款待。酒席上，张公艺说："多谢大家的公平裁断，这事以后容我慢慢报答。但是我们张家祖坟的地界，虽然是被别人占去耕种的，还是怪当时划的地界太宽了。鲁家人家窘难支，连口粮都不够吃。眼下烦请诸位转告鲁家，叫他们不必交租，连他们这些年所占的地界，一并割让给他们。"旁人都说："占地这事是鲁家人无理，先生是仁德之人，但不知道先生族人同不同意。"张公艺说："我们族中的人，我自会劝他们同意割让。"大家都说："先生待人广大宽宏，积福无量啊！"张公艺说："我这么做并非为了邀福，主要是后悔自己以前没有在祖宗生前好好尽孝，想趁这个机会让出一点地界，追思祖先，让祖先在阴间也能积点冥福。"旁边有个人说："先生这话，真是感人肺腑，振聋发聩，惭愧的是我们早些年无知与人争坟界兴讼事。我族中人读书的虽然多，但却没什么建树，若是早得先生明训，不跟人打官司，我家怎么会衰败呢？如先生之言，谦让地界保全德行，以求得老天的眷顾，才是正理啊。"众人回来转告鲁家人，鲁家上下感恩戴德。后来此事在方圆百里传开，当地再也没有出现为坟界而争斗兴讼的事了。

二、重视教育培养人才

张公艺乐善好施，仁德慈悲，救助过很多人，为乡里做了不少好事。其中最为著名的是倡导捐款修建大桥和建立学馆资助学生的事。捐钱修桥一事前面已有所提及，在此不再赘述，只说说建立学馆资助学生一事。

张公艺出生在北周王朝的统治时期，战乱频仍，百姓生活流离失所。隋开皇八年，杨坚即将统一全国，遣使旌表寿张张家，那年张公艺十一岁。后来隋朝一度繁荣，却二世而亡，国家再次陷入动乱中。直到唐代再次确立全国政权，国家政局平稳，人民生活安居乐业，生活水平渐渐提高，在满足温饱的基础上，人们对教育的需求越来越高。而且，国家太平，人心思宦，越来越多的读书人希望通过读书学习改变命运，走向仕途。唐代继承并发展了周隋以来的取士选官之制，拓宽了人们以读书走向官场的道路。

唐代的取士制度因循隋朝旧制，又有所改善。唐代的取士，考生来源有两种，一是各地方的贡举，一是京城设立的各种学馆的生徒。考试的科目众多，有明经科、进士科等。然而，无论哪一种考生参加哪一科目的考试，都需要长时间系统地读书学习。而且，张氏家族以仁礼治家，以百忍为格言，非读书明理不能致也。张家子弟到了学龄，都会请人教习，在家中建立了私人学堂，教授子弟识文断句，读书明理。

张氏家族有读书的传统，张公艺本人对读书上学又非常重视。在周隋国家政局动荡时期，张家只能在家族内部教习约束子弟读书学习，如今，随着唐朝统治安定，百姓生活更加安康，人心思宦，读书风气浓厚。张公艺于是有建立学馆的想法。他不仅希望张家子弟得到接受教育的机会，也想通过自己的努力，让乡邻的子弟能够读书学习。这年中秋节，张公艺把大儿子张希达叫到身边，对他说了建立学馆的愿望。张公艺说："学馆是培养人才的地方，最为重要，不可忽视。乡里的孩子们，但凡有志读书家贫难供的，尽管让他们来读，我们出酒食束脩。请名师，建学馆，让人人都能有机会在窗明几净的环境中读书问道。"张希达从小受到张家家训熏陶，非常认可父亲的观点，听到父亲建立学馆的愿望，满口答应下来。恰好唐代推广教育，朝廷下诏命令各乡里设置乡学、里学，使私学教育具备了官学的作用。张家建立的学馆造福了一方子弟，成就了很多人才。

张公艺在大的方面建立学馆普及教育，在小的方面帮助身边的亲友子弟。张公艺有个姓陈的结拜兄弟，有一年陈家遭遇事故，一家的其他人先后都去世了，只留下年幼的儿子陈敬安。张公艺可怜陈敬安年幼无人照应，把他收留到自己家，让他跟张家子弟一起读书学习，并且替他管理陈家留下的钱财。除了陈敬安的日常花销，其他多余的钱财张公艺都拿去放账生财，让陈敬安能够衣食无忧地生活。陈敬安在张家读书，张公艺对他像自家子弟一样教育。有一天，陈敬安与张家的雇工为了称芋头的事闹了起来。张公艺听说后，把两人分解开，教导陈敬安说："读书明理要隐藏志气，为人处世要以和气为贵。举止从容才是上品的人，说话谨慎的人才能写出好文章。心胸开阔的人没有烦恼，善于忍让的人不计较，性情平和不是守拙。这些才是儒家的伦理道德纲常。"陈敬安听了，低头表示感谢。

三、扶危济困周济乡邻

张公艺在家乡做得最多的是扶危济困，出钱出物、出人出力周济乡邻。张家勤奋经营，节俭日用，人人参与劳动，积攒下了一定规模的家业。张家人虽对自家勤俭朴素，但对于帮助他人从来都慷慨大方。

张公艺路遇急难总是毫不犹豫地出手相助。有一天，张公艺在路上走着，看到一个一岁半大小的小男孩儿，独自在路边玩耍。围观的人越来越多，却始终不见孩子父母，孩子身上又无庚帖显示生辰八字。张公艺怕坏人拐走孩子，一直在孩子身边等着，给他买了些食物，一直等到天晚，始终没有人来认领。众人都说，大概是穷人家养不起孩子故意丢弃的。张公艺感叹良久，终究不忍丢下不管，把孩子带回了家，给他洗澡换衣服。养了半月有余，想到邻居黄福家中无子，一直想养个男孩，便把这孩子带过去。黄福家贫，虽然想养这孩子，却犹豫不决，迟疑不从。后来张公艺主动说，每月资助他们家二斗米，并且立字为凭，黄福才答应下来。张公艺给这孩子取名叫光明，愿他长大后前途光明。后来黄光明长大，家境过得不错，常常跟人说，张公艺待他如亲生的一样，黄张两家来往也频繁密切，相处友好。

张公艺性情温厚，总能体谅别人，对待别人的冒犯一忍再忍。尤其是遇到穷苦的人，张公艺总能先考虑他人的难处。

平常年份张家就处处仁德，遇到灾荒年份，更是如此。有一次寿张地区连续三年大旱，庄稼无收，很多人家都缺衣少食，生活渐渐无以为继，树皮草根都拿来食用，可是仍然无法度日。整个地区弥漫着饥饿的气息，饿死的人每天都有，因营养不良而生病的人更是不计其数。张家多年勤俭经营，虽然遇到灾年，自保仍不成问题，但张家全家上下节衣缩食，设置专门的赈灾粥饭，施给那些没有饭吃的灾民。有一些灾民通常拖家带口，领着吃不饱饭的孩子，四处乞讨为生。那些灾民的孩子确实可怜，缺衣少食，随时面临死亡的威胁。张公艺家中本不需要过多童仆，在灾民的哀求下，也收留了三女两男五个小仆人，养育他们长大，教他们男耕女织。还教育夫人要善待下人，不可动辄打骂。待这些孩子长大后，张公艺给他们安排婚嫁，尽可能地让他们过上安稳的生活。

灾荒之年，整个寿张县多是朝不保夕的人们，张公艺很多相熟的人也过得很不容易，张家都慷慨解囊相助，族人、亲戚、朋友、邻里，从张家借走的银钱和粮食无数，张公艺基本有求必应，借出的钱粮也不求还，施舍不求回报。在当时来说，帮助别人婚姻嫁娶、殡葬、读书是非常大的善事，张公艺一直以做善事著称，他对一些完全不认识的人也多有帮助。

即便是往来路人，张公艺也处处施德。张公艺家宅离大路很近，往来行人很多，一到夏天，走到这儿口渴寻水喝的人亦是不少。张公艺为了方便行人，在路边设置了茶缸，提供干净的茶水供人取用。结果不知何故，茶缸被人打坏了三次，张公艺都只得再备。有一天，邻居杨某责打儿子杨旭，杨旭过来寻求张公艺保护，说父亲责打得太狠他受不了。张公艺问："你父亲为什么打你？"杨家小子低头不语，杨某拿着棍子赶过来，说："让我打死这小子，这小子得罪了老爷您，打坏了您施茶的茶缸，为这我才打他的。"张公艺说："即便损坏我的茶缸，这也是小事，我不怪你家小子，这是上天让你家小子破坏茶缸，考验我有没有坚定做好事的善心。你不要为了这影响你们父子关系。我以后施茶的事会长久地做下去，你们父子回去吧，记得父亲要仁慈，儿子要孝敬，不要为了小事相闹。"父子俩于是感恩戴德地回家去了。

四、忍气施恩全人信义

张公艺性情仁厚，凡事总设身处地为他人着想，常常为此出钱出物、受辱受气。但张公艺为了周全他人信义，从不考虑自身得失。

有一天，张公艺在路上遇到两个人在争吵不休。张公艺走到近前，问他们到底怎么回事。这俩人一个姓高，一个姓赵，俩人合伙做了七年生意，现在算账的时候发现账目不清，为此相吵。张公艺说："你们且别争吵，账簿拿来我算算。"俩人各自拿出自己的账簿，请张公艺帮忙仔细算一算。张公艺算过以后发现，两个人的账目是完全一致的，根本不存在争执的必要。张公艺跟他们说了这个事实，结果俩人正在气头上，根本听不进别人的劝解，姓赵的性格又暴躁，直接说张公艺有意偏袒高某，对张公艺大骂一番后走了。张公艺回家后想了想，认为俩人存在误会，为了保全二人情谊，写了一篇《忍气词》让人交给赵某。大意是劝解高、赵二位不要为了财利影响仁义，和和气气才能积德纳福，为子孙谋福利。赵某当时正在家和朋友们喝茶，当场拆开书信，读完以后大家感叹："张公艺真是个明白人啊。"他们提议共同出钱把这篇《忍气词》刊刻印刷，凡是做生意的人都送一张，作为楷模。高、赵二人也共同请来张公艺并向他赔罪，保证自己要永遵信行。

又有一次张公艺在路上碰到一个一二十岁的青年，手里拿着一把锋利的刀，急急忙忙地跑过来问张公艺："前面过去那个老头走多远了？"张公艺说："已经走很远了，追不上了。"然后唤青年说："坐下歇一会儿吧。什么事这么着急？"青年说："那个人是我的仇人，叫赵申，诬陷我盗窃，官府把我收禁一年，我父亲在家活活饿死，幸而母亲和妻子尚存。今天看见他路过，我要杀了他，以发泄我心头之恨。"张公艺说："你家的食物丰足吗？"青年回答："勉强能够生活。"张公艺说："这样的话，你的仇还是不要报了。"青年问："为什么不报？"张公艺说："你试想一下，你一个人把他杀了，难免偿命，到时候你母亲和妻子更遭苦楚。"青年哭了起来："这实在让人为难。"张公艺说："劝你别理他，让老天去惩罚他吧。你回到家诚心奉养老母，勤俭兴家。"青年说："他诬陷我是盗贼，这口气我实在是咽不下。"说完转身回家了，没再去追赶赵申。

赵申听到这个消息的第三天，来张公艺家探问情况。正跟张公艺说："吴先追杀我……"不料吴先一步跨进屋里，一看是赵申，扑上去扭打成一团。幸好俩人都没带兵刃，张公艺好生劝解才分开俩人。张公艺百般劝和，让赵申拿出二千文钱给吴先，以释仇和好，赵申也答应了。赵申向张公艺借了钱给吴先，张公艺还拿出酒菜来招待二人，喝完酒二人各自归家。没想到，赵申实在太没良心，回家后反而诬陷张公艺联合吴先作弊，算计他的钱，便大肆辱骂张公艺，借的钱也不还。张公艺叹息道："罢了。"假装没听到辱骂，也不再要求赵申还钱。

张公艺为了劝和他人，有时候不只是要当面受辱，还可能受些拳脚之苦。这天张公艺外出，在郊外看到二人在路上斗殴。张公艺急忙上前劝解，俩人打得正酣，张公艺苦拉才分开，中间还被一个人一拳打得跌倒在地上。二人住手后，张公艺徐徐地说："我听说，韩信曾受胯下之辱，我家祖先张良，也曾有给老人穿鞋的谦虚。我不敢跟这些大人物相比，但受你们这些拳脚，也不会视你们为敌。请问你们二人姓甚名谁，因为什么在此斗殴？"其中一个人说："我叫屈才。"另一个人说："我叫罗伸。我们两人一起做芋头买卖，屈才碰上了小偷，被人偷走了一些财物，这是他个人的责任，跟我罗伸没关系，应该他自己赔付。但是他非要我跟他共同承担损失。"张公艺说："损失了多少钱？"罗伸说："一千三百文。"张公艺说："这事屈才你怎么说？"屈才说："确实是我的责任，损失算我的。关键是我现在身无分文。"张公艺说："这事好说。你们俩跟我来吧，到我家去，不要再打斗了。念在朋友的分上，我愿意借一千三百文钱给屈才。"屈才一听非常高兴，跟着张公艺去了。张公艺把钱借给他，又安排酒菜款待二人，让他们两个重修旧好。

张公艺不仅重视朋友之间的情谊，也重视婚姻许诺的信义。有次张公艺去表哥杨宏家，杨宏置办了酒菜招待，席间，杨宏说："兄弟你见多识广，有件事能不能为我参谋一下？"张公艺说："当然，表哥但说无妨。"杨宏说："我只有一个儿子一个女儿，儿子已经结婚，女儿小时候曾经许配给王成秀的独子王章，当年下聘的时候，王成秀家境富足，没想到后来成秀死后，王章整天埋头读书，懒得操持家务，如今穷困潦倒。我已经托媒人跟王章说了退亲一事，王章也答应了，兄弟你看这事可行不?"张公艺正色道:"此事绝不可行。若是这么做了,既违反国法,又悖乱人伦,背信弃义,姻缘错乱。表哥你要知道古语云:'嫁女择佳婿,勿索重聘。'况且,你家女婿王章专注于读书,将来必成大器。寒士多贤,表哥怎能惑于一时的富贵,而取怨于一方之人啊?"

杨宏听了这话,迟疑不悦,后来还是将女儿另外许嫁。王章听闻此事,告至官府。官府让杨宏带着女儿一同上堂,斥责杨宏爱富嫌贫,要杖责二十。杨宏自称体弱,愿意接受罚五百金代替受刑。县官问王章为何家庭败落,王章说:"学生自幼攻读,未经家务,因为父母俱亡,葬祭礼费,慢慢积累了债务败了家。"县官说:"幸亏你不是因为嫖赌这些下三烂的事情败家,否则必然定你的罪。本官看你仪表不俗,如今正值三月初三,我出一个对联上联,你来试试下联。上联作:孝感春风吹上巳。"王章脱口而出:"恩攀时雨洒元辰。"县官大喜道:"不错,是我的门生。"县官又问杨宏女儿愿配何人,女儿说:"愿配王章,别无他意。"县官说:"既然如此,之前你父亲将你另配,你为何不阻止?"女儿说:"以前表叔张公艺曾经力劝我父亲,但父亲不从,小女没有办法劝阻。"县官听得此话,对张公艺大感兴趣,说:"张公艺是什么样的人啊?"王章回答:"张先生是我们当地一位大德之人。任事有节,仁爱及人,前任官员曾经赠匾'义全两家'。"县官听了,当即修书一封,请张公艺来。张公艺来时,县官迎坐,因为张公艺在杨宏悔婚时劝阻的言论,县官深表敬重,送匾"德润孤声"以示奖赏,并且让王章拜张公艺为义父,对杨宏的五百罚金也交由张公艺为王章夫妇保管。后来,王章果然科举及第,家庭因读书而振兴。

张公艺之影响家人

张公艺的仁义道德、慈悲宽容不仅表现于自己的言行举止，还委婉劝谏父母、温和教育妻儿、要求家仆仁德，对整个家族影响很大。

一、委婉谏父重族睦亲

张家一门重族睦亲，一家人数世同居而能和睦相处，主要就是大家能互相谦让体谅，互相爱护尊重。这种重族睦亲的观念，到张公艺时更加明显。张公艺的父亲张兴曾经与族人因卖树分钱起了争执，张公艺就全力劝谏，阻止了父亲将矛盾扩大化。

张兴与族人商量好，把祖坟里的树卖掉了八棵，一共卖得八十余千文钱。张兴受了族人哄骗，族人将钱全部收归到自己腰包里。张兴后来要拿这个钱修建祖坟，族人硬是不给，张兴很生气，准备打官司要求平分。张公艺说："从情理上说，父亲远胜过族人，如果打官司，父亲一定能打赢的。但以孩子的浅见，本族的人还是不要打官司了。"张兴问："这话怎么说？"张公艺说："孔夫子说过'必也无讼'。倘若官府问起来，父亲拿钱修建祖坟是分内之事，但木本同源，一脉连根，枯荣不一，父亲见族人困难而不救济，又如何得全祖宗大义呢？族人贫而无谄，也像是个君子。实在是家境贫寒，拿这个钱作为资本，也是迫不得已。他没有向父亲说明实情，是心中惭愧。假如他以此为资本发家致富，也是我们家族的荣耀。远了说也是光耀祖德，佑启后人，父亲的美名也不小啊。请父亲想一想这个道理。"张兴说："那以你的说法，不修建祖坟，不祭祀祖宗，要后人有何用？不把祖宗的坟墓修建得豪华壮观，如何给后人做个模范？何况之前砍伐坟前的树木，惊动了坟墓中的亡灵，若是不好好祭奠谢罪，终究是件不吉利的事情。族人太不讲理，怎么能不打官司？你一个小孩子家，怎么能这样阻拦我呢？"

张公艺见父亲固执，情急欲哭，说："儿子虽然意见浅陋，还请父亲宽宥。鬼神的灵验是因为因心造灵，良心得应。祖宗活着是人，死后为神。族人昧下树钱事小，父亲伤害情义事大。倘若长官说起此事，认为父亲不敦九族，恐怕祖宗在阴间也会责怪你违背亲情伦理不忠不义。父亲提出修建祖坟的建议很好，不过，为什么不用家里的钱修整祖坟，而非要去打官司把钱要回来修整祖坟呢？这样做恐怕有失孝道，请父亲好好考虑一下，以免将来后悔啊！"张兴听了这话，沉默了片刻，叹息道："算了，由他去吧。"族人听说了这件事的详细经过，心里感慨不已。后来，族人确实勤俭持家，省吃俭用，渐渐富裕起来。

二、和乐教妻孝敬慈惠

张公艺成年以后，娶了陈姓女子为妻。陈氏在娘家也是娇生惯养长大的，因此刚结婚时，陈氏在夫家拘谨，少言寡语，让人感觉性情傲慢。张公艺感觉陈氏对父母不够孝敬和尊重，于是坦诚相待，诚恳地跟陈氏沟通，教她善侍双亲。

张公艺说："你我既然有缘结为夫妻，就要坦诚相待，有个事我不吐不快。父母亲对我们恩情大如天地，我们要诚心诚意地侍奉，逆来顺受，不要顶嘴辩解。抵触父母是一种过错，还会让别人看笑话。你善待父母，诸神欢喜，行孝感天，你的子女将来也会善待你。"陈氏本性也是纯良之人，听此言觉得有理，又有点疑惑，于是问道："夫君教我行孝是没错，但为什么诸神欢喜呢？"张公艺说："百善孝为先，人的身心修养功德圆满才能化身成佛成仙，普通人修身养性也有望成仙，神仙是功德圆满的人，因此看你行孝积德，神仙也欢喜。"陈氏说："夫君教人孝敬父母，到底应该从哪里做起？请你明明白白地告诉我。"张公艺说："别急，容我一一道来。每天早晨要向老人问安，准备可口的饭菜，安排好一日三餐，衣服要浆洗干净，照顾好老人的生活。还要对老人和颜悦色，凡事要讲道理。"陈氏听了说："你说这些，都是为人妻应当尽的孝道。不过我想问一句，夫君是怎样尽孝的？"张公艺说："作为人子，我首先要做的也是和颜悦色，让父母心情愉快。其次是晨昏定省，冬温夏清，照顾好老人的生活。祭祀祖先，行善积德，愿祖宗保佑，祈祷父母长寿安康。"陈氏说："夫君说的确实有道理，以后我会照办的。今后若有做得不好的，还希望你能随时提醒我。"此后几十年，夫妻孝养父母，互相尊重，更加情深义重。陈氏也成为乡里远近闻名的好儿媳。

陈氏虽然孝敬公婆，但见张公艺待人过于宽厚，扶危济困花费又甚大，所以心里有意见，有一天她对张公艺说："大丈夫应当立志刚强，不能太懦弱，不让人欺负，勤俭持家，这样才能过好。像夫君这样又忍让，又不节用，是怎么回事呢？"张公艺说："贤妻这话，是不明白大道理啊。俗话说：'人恶人怕天不怕，人善人欺天不欺。'贤妻想想，我们是遵从人道呢，还是遵从天道呢？"陈氏说："我不明白其中的道理。"张公艺说："遵从人道呢，难免依从世俗，作奸犯科，仗势欺人，沽买恶名，这样做早晚会招来报应的，近报在己，远报子孙，这怎么会是好事呢？我正想被人欺侮呢，以求冥冥之中招来福禄。人人都是天地孕育的，都是上天之民，应当体会上天好生之德，以求上天眷顾。不争强不恃势，多忍让勤积德。至于勤俭节约，得看具体情况。生活花费自当节俭，救济他人是积德行善的事，所得大于所费，扶危济困的人日子会过得更好。"陈氏说："不是听了你的教导，我还想不明白其中的道理呢。"

古时候生产力落后，物质非常匮乏，普通百姓的日子过得更是艰难，遇到灾荒之年，卖儿卖女的更是难免，一来换口饭吃，二来也让儿女到条件好的人家有口饭吃，即便为奴为仆失去了自由，好歹留了条命。张公艺家前后就收养了五个年幼的小仆人，年龄都差不多大小。养到大约十六七岁的样子，彼此之间经常互相争斗，吵吵闹闹。陈氏经常教育小仆人行事规矩，但是他们经常不听从。有一天张公艺外出，小仆人们又相互争斗，夫人听到吵闹声，让他们全都上堂跪下，问明情由，用棍子将他们狠狠地打了一顿。张公艺回来听到堂上哭声太大，赶忙上堂来看，见小仆人们都在哭，其中一个身体弱的年幼仆人左手都举不起来了，肩膀上有明显的青痕。陈氏解释了一下前因后果，张公艺让夫人一边坐着，让仆人感谢夫人教导之恩，然后对仆人们说："你们这些孩子，都是良家子女，因为遇到荒年收成不好，你们的父母才求我收留你们，教你们男耕女织，抚养你们成人。我对你们的将来都有安排，你们怎么这么不听话，惹夫人生气呢？"小仆人纷纷认错，保证日后永遵教训。张公艺让他们下去，然后才徐徐地劝谕夫人："下人有错，夫人只宜宽恕教导，以后切勿再责打他们，以免伤害身体。夫人且想想，他们小儿女家，在家时也是父母娇生惯养的，他们的父母实在无奈才送到我们家，他们辛勤做工换取口粮生活，亲人生生别离已经够苦了，他们的父母还眼巴巴地期望他们回到身边去呢。身体发肤，受之父母，若是损伤了他们的身体，岂不是让他们陷入大不孝？我们又于心何忍啊。"陈氏听完，惭愧不已，再三谢罪。张公艺说："三个大点的女孩子都十六七了，该为她们安排婚配了。两个小点的男孩子也该考虑结婚了。你且为他们上点心吧。"陈氏夫人一一答应下来，从此以后，夫人陈氏再也没有责打过仆人。

三、张公艺以三愿谕子

所谓百忍，从本意来看，指人人忍让，事事忍让，一忍再忍地忍让。从其文化内涵来说，其核心内容是仁与礼。"忍"有两个境界，一个是忍耐克制，比如忍饥挨饿、忍受苦楚，这属于第一层次的忍让；一个是熟知仁与礼的精神内涵，以仁义为己任，以礼义修身，提高身心修养，在不知不觉中提高自己的容人之量，改变对事情、对人的看法，此谓"不知忍之忍"。张公艺所修炼的，其实便是后者，以仁与礼为文化核心，修身养性，不以为苦的忍耐退让，确实有容人之量、过人之德。

张家人口众多，难保人人都有修养，为了避免出现纨绔子弟欺压乡里，张家以仁礼道德教育子弟家人，同时，也制定条则家法，规范言行举止。张公艺率先垂范，严于律己。同时也要求所有家人遵守条律，严格执法。凡有违者，轻则批评教育晓喻全家，重则施以处罚。因此张家虽是当地大户，子侄却甚有教养，读书学文，通晓道理，美名远播。

张公艺教育子孙的内容非常丰富，世所流传的文献中，传说张公艺曾经面君受封，在接到圣旨进京面圣之前，把大儿子张希达叫到跟前，以三个心愿晓喻儿子。从这三个心愿中，我们可以看出张公艺的道德操守，也能看出他对子孙的教导和期望。

大约是中秋节前后，张公艺接到圣旨要进京面圣，准备好钱财干粮，打点好衣服马车，也安排好了随从的人员，把家里的事务考虑了一圈，张公艺叫来长子张希达，对他说："我进京面圣，路远天长，你作为家中长子，家中大小事务都要上心，全部由你来掌管。为父年纪大了，我还打算，等我回来，仍由你来负责，我就可以享清福，安度晚年了。进京之前，我有三个心愿，想跟你交代一下。"张希达说："父亲有何心愿？儿子如何不知？父亲尽管吩嘱。"

张公艺顿了一下，郑重地说："第一个，你去请一个名师，成立一个义学。但凡乡中的孩子们，愿意来的，尽管来读书。一应学费花销都由我们家置办。学馆要盖一座书楼，窗明几净，整齐干净。乡里的孩子，多的是有志气有抱负的，因为家中贫困无钱读书耽搁了。我们要提供机会，这书楼就是个鲤鱼跳龙门的地方，是一座未发达的凤凰楼啊。礼乐诗书熏陶出来的孩子，可比乡间士绅强多了。"张希达答应下来。又问："父亲，第二个心愿是什么？"张公艺说："你拨出来二顷田庄的良田，作为专项经费。"张希达说："父亲要这专项的钱有什么用途？"张公艺说："用来做救济的专款。扶危济困，积德行善。需要救济的主要有九种情况：一是遇到灾难缺粮断炊的人；二是逃难到此的人；三是连丧不举的人家；四是出门在外赶路没有盘缠的人；五是伤残病弱无钱医治的人；六是婚嫁不起的人，为他置办婚嫁用品，教他嫁娶无憾；七是家中临时有故借贷的人；八是讨饭化缘的人；九是鳏寡孤独无人奉养的人。但凡人不是确有困难，也不会来张口求助。但凡是正常需求，我们帮助他人，岂非美事？"张希达点头称是，然后问第三件是什么。张公艺捻须微笑，缓缓地说："这第三件事啊，更是我心头所愿。你给我建造一所池亭园馆，我要享享清福，在其中散心悦情。人生如一场春梦，如今故友渐稀少，亲戚零落，白发渐生。为父所爱者青山绿水，所喜者菊松梅兰。等我回来，要与青山为友，乐得诗酒风流，做一个醉乡侯。"张希达答："我这就让人重修北院假山，构建西院池馆。让父亲归来能栽花种柳，携琴载酒，尽情与梅兰竹菊为友，优游山水，乐享诗酒。"张公艺满意地笑着点点头。

从张公艺的三个心愿可以看出，张公艺重视传统诗书道德教育，仁德为怀，以救济他人为乐，情趣高雅，颇受优秀传统文化的熏陶。

四、要求仆人仁德宽容

张公艺不仅教育子侄，对家中仆人也要求仁德宽容，多体谅他人。却说这一年端午节，张公艺刚做完祭祀礼仪，忽然有一个姓唐的人飞奔到张公艺家的堂屋，非要说张家的童仆偷了他家的李子。张公艺不愠不火地请他坐下，让人马上把童仆找来，问道："你为什么这么糊涂？居然偷人家的李子。平日里我是怎么教育你的？"仆人回答道："一直以来，我都谨遵主人的教诲，佩服主人的德行。有句老话说：'瓜田不纳履，李下不整冠。'走在瓜田中不拾掇鞋子，来到李树下不整理帽子，唯恐落下偷盗的嫌疑。连帽子都不整理，又怎么敢偷人家的李子呢？"张公艺一向熟知自家仆人的为人，再听他这话，深知是仆人受了诬陷。再认真观察姓唐的脸色，灰黄如土，暗淡无光，脸色差得跟死人一样。张公艺连忙备钱数百文，叫仆人谢罪。仆人被诬陷心里原本不服，张公艺逼他说："你还不服罪？是不是等着挨打？"不得已，仆人拿着钱向唐某道歉，又把他送回家。谁知道，过后才知道，唐某跟仆人原本有仇，唐某以前做的一桩杀人案案发，眼看无处躲避，就跟妻子商议，偷偷服了毒药自杀，打算陷害张公艺。没想到张公艺仁德谦让，无论是非对错，都利索地拿了钱让仆人道歉，因此没来得及在张家毒发身亡。张公艺的仁德让他躲过一场祸事。

张公艺家有一个雇工，有一次在路上捡了一个布包袱，里面装有一锭银子。回到家跟张公艺说了。张公艺说："丢失银子多数事关人的性命，你去路边上等着还他吧，不要误了人家的急事。"雇工不肯，说："我又不是偷他的钱，我这是捡的，就相当于老天爷赐给我的，我断断不会归还。"张公艺说："人的命是上天注定的，该富贵的人没这个钱财也富贵，该受穷的人有这个钱也受穷。凡是拾到银钱归还的，功德都很大，能永享富贵；若是不还，当贵的也会被除名，当富的也该受穷；原本穷的人还会惹上灾祸。你不如把拾的钱还回去，还可以享福。"雇工仍旧不同意，说："主人你有银子作福才这么说，我这穷人正需要这钱，我才不要还。"

张公艺听了这话大怒："把钱还给人家去！这钱有多少，用秤称了，我拿钱补给你。布包袱也补偿给你。"这个雇工也是固执，虽然同意跟张公艺调换银钱和包袱，却不愿帮着去归还。张公艺问他："银钱和包袱都换给你了，你为什么不帮忙还回去？"不想这雇工竟掉头摔脸子而去。不得已张公艺来到路边等着看有没有人来寻找。等了一会儿，见一年轻妇人抱着个孩子大哭而来，张公艺走近问是何缘故，妇人回答："我早上路过这里，给孩子喂奶的时候把包袱忘在了这里，里面有一锭银子。"张公艺说："你这个银子是要做什么用的？"妇人说："我丈夫出门经商没回来，我堂上公婆都感染了寒症，卧床三日未起。我没有办法，拿了首饰回娘家换了一锭银子，备办些寿衣棺木，不料却丢了。这可如何是好，贫寒之家，要等着饿死了。"张公艺从怀中拿出包袱和银两，让妇人看了看，问是不是她的包袱。妇人说："正是，我的包袱有印迹。"张公艺细问之后，核实确实是妇人的银钱和包袱，于是还给了她。女子感恩戴德，问了张公艺名讳，跪下说道："久闻先生大德之名，归我的银钱，我无以为报，愿以寄先生膝下做个义女，愿先生不要推辞。"张公艺说："既然你愿意做我的义女，我也拿你当亲生女儿一样看待。你回家后，要勤尽孝道，俭约持家，好好侍奉公婆，养育孩子。"妇人闻之洒泪而去。

张公艺之教化乡邻

张公艺不仅劝谏父母，教育家人，他的一言一行，一举一动，在乡里流传甚广，对所有邻里以及其他接触他、了解他的人产生了巨大的影响，对时人和后人产生很大的教化作用。本来不和睦的兄弟，经过张公艺的劝解和睦相处；本来吃喝嫖赌不敬父母的人，经过张公艺的教导改掉恶习，谨慎孝侍父母；本来产生争执打算告状打官司的人，也息讼求和。

一、劝人兄友弟恭

张公艺家九世同居，兄弟之间相处非常和睦。张公艺的父亲张兴兄弟四人，张公艺兄弟十人，家族庞大，人口众多，非常容易产生各种矛盾。但张家上下内外一片和谐，长辈对晚辈仁爱慈祥，晚辈对长辈孝顺恭敬。妯娌之间互相帮助，婆媳关系友好和谐。张公艺曾制定家法家规，禁止女性乱嚼舌头，破坏兄弟子侄之间的感情。

家庭内部最容易出现的矛盾还是财产问题，父母在世时还好说，父母去世后，兄弟多数不能同产共居，闹着分家的比较多。就说张公艺的一个姓王的好朋友，兄弟两个，父母去世后兄弟难以相处，打算分了家产各自过活，请张公艺做个见证。张公艺劝他们兄弟说："天下没有不是的父母，世间最难得的是兄弟。分家虽然是人之常情，但也违背了父母家人长相厮守的愿望。而且，世上所难以得到的东西，无非是富与贵罢了，你们兄弟分家，无非是求取富贵，但你们却不知道富贵的根本道理。荣华富贵，非遵循天理不可得也。遵循天理的人，一定得去除外在诱惑，而保留人本来的善良。一举一动，一言一行，都要积极向善，这才是遵循天理的做法。假如为了安逸享乐分家，那并非善行，不遵天理，想要荣华富贵是痴心妄想。到时候不仅富贵不可得，反而会堕入贫穷，后悔就来不及了。希望你们兄弟俩长相厮守，上可以安老人之心，下可以免乡人之议。《诗经》上说：'宜兄宜弟，而后可以教国人。'就是这个道理。"王氏兄弟听了，叩首致谢，再也不提分家的事了。

但也有一些兄弟确实无法劝和，一定要分家才能过下去，张公艺也会劝他们尽量和睦。比如张公艺的邻居杨伸元兄弟六个，杨伸元是老大。父母去世后，杨家兄弟闹着要分家。杨伸元性情比较宽厚质朴，又读过一些书，颇懂得一些道理。看到兄弟闹分家非常心痛。但是无奈之下，也只好同意。可是杨家兄弟都欺负大哥，都想强占大哥的那一部分财产，一个弟弟甚至还把杨伸元打了一顿。杨伸元气愤不过，打算上官府去打官司，找张公艺帮忙。张公艺劝他说："你也是读书明理的人，怎么能为这事打官司？如果告到官府，县官斥责，说你们家哥哥不像哥哥，弟弟不像弟弟，紊乱纲常，纵然财产得到平分，难免落下坏名声，影响自己及子孙的将来生活。不如忍让一下，将来自然会发达的。"杨伸元说："实在是难忍啊。"张公艺说："我这里有一篇《忍气歌》，你没事常读读。"然后从架上拿来《忍气歌》开始读：

忍气歌，忍气歌，忍气才不起风波；

忍气片时无祸侵，不忍小忿有坎坷；

父子不忍家离散，弟兄不忍受刁唆；

夫妻不忍家难全，朋友不忍每操戈；

化气不用清离散，只要安口宽心锅；

尽煮茸羹忌酒魔，诸病能除从忍气；
莫因口气心头烧，诸祸要免气心窝。
忍气歌，要多记，常将忍字来揣摩；
刃加心上全忍字，心上有刃如伐柯；
心一妄动妨刃下，切成两段痛如何；
严加忍字心根上，全忍后来享高科；
难熄无名加壬癸，尽熄无烟一片波；
奉劝同人将气忍，自招福泽避妖魔；
富贵荣华由忍气，圣贤仙佛尽包罗；
一心一德惟安命，犹如出家念弥陀；
要想出世图安乐，不时唱我忍气歌。

读完以后，他递给杨伸元。杨伸元连连向张公艺作揖拜谢说："听了先生的金玉良言，心中豁然开朗，茅塞顿开，今后，我再不跟兄弟们争长论短了。"杨伸元把这篇《忍气歌》拿回家，时不时地吟诵一遍。后来家中一团和气，家产也越来越多，还有一个儿子科举得中高科。

还有一些兄弟之间的矛盾在于老人财产分配不均。张公艺有个至亲叫杨辅仁，有一天跑来找张公艺办理借钱的事，并且请张公艺去跟他的三个兄弟论论理。三个弟弟因为家窘难度，分别找父亲借了二十千文钱。张公艺说："你家里富足，何必找我帮你借贷？你兄弟借钱，是确实家境窘迫，你借钱无非是想跟弟弟们比较罢了。"杨辅仁说："同一个父亲生的，凭什么他们就可以借父亲的钱？"张公艺说："既然你家里比较富裕，亲戚之间还有赖你提携，邻居贫困的还仗你周济，何况手足之情呢？再说，你的弟弟们家境贫困，主要是因为人口众多花销大的原因，又不是他们天性懒怠。作为父母，谁不希望孩子们相亲相爱，苦乐共享？你们兄弟间争长论短，父母在世的时候心里不愉快，等父母去世了魂魄也不安宁。不如你们兄弟团结，不管有钱没钱，互相帮助，这样也让你父母安心，也给子孙后代做个好榜样。"杨辅仁听了，觉得有道理，就回家去了。

二、规人行义尽孝

张公艺在乡里德行高尚，远近闻名，经常有一些乡人因为矛盾争端、家庭争执来找张公艺劝说评理。有一天，乡里一个叫江生的，他的妻子柴氏来找张公艺，说："我的丈夫江生，经常吃喝嫖赌。昨天又把赶集卖东西的钱拿去赌博，输了钱回家，逼着奴家拿衣衫典当换钱还债，奴家不肯，丈夫就拿着刀要杀我。奴家无奈，特来投奔先生，请先生教训我丈夫，倘若丈夫听从，改邪归正，此恩此德，奴家没世不忘。"张公艺说："你丈夫江生曾经也是个读书人，如今怎么这么不明道理？"柴氏说："奴家屡劝屡次挨打，实在没有办法才来投告先生。"

张公艺正被其他事缠身，走不开，便问柴氏这次江生输了多少钱，拿了钱给柴氏。柴氏说："感谢先生的慷慨，但我不能拿你这钱，我怕日后难以还债。"张公艺说："你先拿去吧。如果你丈夫不肯改悔，这钱就不必归还了。我这里给你丈夫写一封信，你拿给江生看。"柴氏叩头致谢，拿了钱和书信回家，见丈夫仍然余怒未息，上前跟他说："奴家往张公艺先生家借了些钱，公问借钱的原因，我说给丈夫还赌债，公慷慨应允，还写了封信给你。"说着呈上钱和书信。

江生拆开信一看，信上说："歪门邪道的危害，圣人在《论语》里都说得很清楚，那些教人走正道的道理不会有错。嫖赌是下三烂的事情，品行低劣的人才会做，你赶快回头吧，尽快把恶习戒掉，注意自己的言行举止。淫人妻女会遭报应的，赌博更会败坏家业，永生永世难以翻身。你也是读过圣贤书的人，知道应该怎么做，这样稀里糊涂地有负师傅的教诲。而且，父母养育子女，历尽千辛万苦，好不容易养大成人，都希望儿子能够通达事理,好延续香火佑启子孙。若是犯了淫欲赌博的戒,真是有负于父母的良苦用心。还望你早点回头,能保佑子孙福禄双全。"江生读完,羞愧得满面通红,叫过来妻子说:"我发誓以后再也不嫖娼赌博了,待明日我还了张公艺的钱,叩谢他教导之恩。"后来江生勤奋经营,家境果然越来越好。

有一天,张公艺出门拜访朋友,路上遇到一个老婆婆啼哭,旁边还有一个年轻男子在吵闹。张公艺走上前去问道:"奶奶为何啼哭啊?"老婆婆擦着眼泪说:"客人有所不知,我的苦楚难以说出口。"张公艺说:"有什么冤情,尽管照实说吧。"老婆婆指着年轻男子说:"这个是我儿子,三岁丧父,我家里贫穷,受尽苦楚,才把这孩子养到十三岁。家里只有八斗粮食,我年年割草卖钱,帮人做鞋做衣服换取钱用。因为经常缺衣少食,就让这孩子去帮周家放牛挣钱,但干了两年也不见他拿钱回来。今年让他在陈家做工,还是只拿了少部分钱回来。我今年生病较多,没办法做工挣钱了,难以维持生计,特意来找这孩子要点钱,他不但不给,反而骂我。"说着说着,泣不成声。她顿了顿又说:"我来的时候,就听有人说,我的儿子不成器,拿钱去嫖娼,我刚开始还不信,现在看这情形,估计是真的了。客人你看,这孩子还是个人吗?"张公艺说:"我看你这儿子眉清目秀,虽然是个做苦力的人,也必定聪明过人,只怕是无人提醒,才走了歪路。"

老婆婆的儿子说:"先生贵姓?"张公艺答:"张公艺便是。请问你怎么称呼?"年轻人答道:"姓王名曾堂。"张公艺说:"你母亲很苦惨啊。"王曾堂满面通红不做回答。张公艺正色说:"天地之间,父母为大,人不知道孝敬父母,难道不考虑父母爱子之心吗?母亲十月怀胎,受尽了难言的辛苦;三年哺乳,费尽了无数辛劳。千辛万苦,百般经营,都是为了儿子和家庭。何况你母亲是孀居,情状必定更加艰难。又要守节,又要营生,你怎么能悖灭天理人伦跟母亲吵嘴?父母的恩情比天大，王侯公卿谁不以孝悌立身？长享富贵的人，谁不依赖父母养育的恩德？"王曾堂说："我未曾读过书，没有人教训，听了先生的话，确实是我错了。"张公艺说："你看那些孝敬父母的人，都能又富且贵；奸淫人家妻女的人，都会害人害己。报应迟早要来的，人应当多做些善事，避免不好的因果。"王曾堂连连点头，对待母亲的态度瞬间好了很多。老婆婆对张公艺再三致谢，母子二人方告辞离去。

张公艺劝人行孝，认为百善孝为先，而当时有些人尊崇佛教，不少人都出家为僧为尼，以图修行。离张公艺家四十里远的地方有一个和尚，俗姓方，法名悟成。出家修行颇有成效。不过只是四处云游，未能在父母跟前尽孝道。张公艺早就认识他，有一天，他来拜访张公艺，张公艺邀他进后堂，着人奉上香茶，悟成说："早就听闻先生仁德行善，能忍人所不能忍，特地来请教。"张公艺说："山野村夫，蓬庐陋质，怎么敢劳大师屈驾风尘，何况这话言重了。"悟成说："贫僧出家修炼多年，稍微知道一些道理，特地来约先生一同修炼上乘佛果，不知道先生意下如何？"张公艺说："善哉善哉，但不知道出家修炼有什么好处？愿闻其详。"悟成就咏了一首偈语：

　　学佛学仙须出家，随缘度日游天涯；

　　扫除心地无尘垢，脱壳飞升伴释迦。

张公艺听完，说："此言差矣。我也知道大师云游四海，募化四方，但于父母跟前，作为人子的职分未尽，而人道有亏。人道既亏，则天道就远了，凡人若未尽孝，天天从事募化，哪能轻易与他相伴呢？我劝您不如回家，每天早晚善待父母，等到父母百年以后，再修养身心，这岂不是圣凡两全，美之至吗？不然的话，只怕您的修行终究落空，您好好想想这个道理。"悟成听了，沉默片刻，然后说："多谢先生指教，我确实愧对父母太多了，一定遵从您的教导。"然后回家，侍奉父母，在家修行，父母百年以后归于佛门，修行越来越高。

三、勉人息讼求和

张公艺性格仁厚，忍让谦和，极少与人争执，对人总是一让再让。治家立下百忍之方，成为千家万户的治家格言。

张公艺自己不愿意兴讼打官司，也这么劝阻他人。家乡有一些兄弟邻里不和，分家争产讨债的，张公艺都会努力劝说息事宁人。有一天，张公艺家忽然来了两个人，一个叫黄楼，一个叫李江。黄楼说："能见到先生您太好了，我大老远特地来找您的。"张公艺感到奇怪，问："有什么事要问我吗？"黄楼说："我借了五千文钱给匡童，今天去讨取，匡童硬占着不给，反而辱骂于我，幸得李江兄解围，不然还要被他打一顿。我要告官，李江兄愿意帮忙做证，请先生指教我应该怎么做。"张公艺说："这事依我看，不可以去见官，应该找里长反映一下，让里长调解，慢慢来解决。这样才不至于结下仇怨，也省得打官司费钱，还耽搁工夫，影响做工务农营生。"李江听了这话，接着说："先生这话说得不对，借给他钱，反而招他辱骂，这事不告他，显得多么懦弱啊！"张公艺问他："你愿意帮黄楼做证吗？"李江说："我愿意效劳，绝不能容许这种不讲理的事情发生。"张公艺又问："打官司要用钱吗？"李江说："大概要用二十千文钱吧。"张公艺再说："这钱你帮他垫上吗？"李江说："张公艺你也太迂腐了，我只做证哪能帮着垫钱啊。"张公艺看李江总是挑唆人打官司告状，常常害人耗干家产，所以私下里叫住黄楼说："这事改天再说，不必忙着打官司。"黄楼、李江两个人就告别走了。

两个人走在路上，李江仍然百般挑唆，诱惑黄楼打官司。黄楼回到家，请李江喝酒，李江才回去。然后黄楼妻子说："刚才李江的话，丈夫可不要听信。李江自幼多事，总是打官司败家。现在六十多岁了，日子过得每况愈下，几个孩子也夭的夭、亡的亡，如今孤独困乏，就喜欢怂恿人打官司赚钱过活。"黄楼的儿子也劝谏父亲不要打官司，黄楼让儿子去见张公艺，张公艺说："我劝你父亲不要打官司，别人欠的债慢慢讨，他要听李江的挑唆，不信我的话。我这里写有一篇《唆人词》，还有一篇《息讼词》，你拿给你父亲看。"《唆人词》其词曰：

　　天生我才必有用，何不依守本分做；

　　士农工商各习业，异端斯害为人恶；

　　不循世上好良规，甘移下贱恶名著；

　　阴谋诡计害人穷，捏词刀笔把人弄；

　　希图取些作孽钱，殄灭儿孙发富路；

　　虚负堂上养育恩，枉在人世一生度；

　　善人不似恶人强，富贵天人善人护；

　　算来只有上天平，劝你唆人明善处；

　　有过当改为圣贤，方才算得人中数；

　　不然逞舌用贪谋，平生困苦惟自误。

《息讼词》其词曰：

　　世间祸事惟讼，发念皆由性纵；

　　遇人愤气欲鸣，旁人乘机唆动；

　　不觉堕入牢笼，一字入公为重；

　　签票或拘或提，便受差人拨弄；

　　守候不得回家，耽误时节耕种；

　　妻孥激得眼昏，父母焦得肠痛；

　　美田由此荒芜，家人每多放纵；

　　基业为此消亡，性命由此断送；

　　纵使官前得胜，自己良心何用；

　　况且寿算无多，转眼一场春梦。

　　《唆人词》把教唆人打官司的恶行揭露得明白无误，《息讼词》把打官司的坏处弊端说得清清楚楚。黄楼的儿子回到家，把张公艺的话传给黄楼，并把两首俚词拿出来念给黄楼听。念完，父子俩相视而叹："幸亏张公艺提醒我们，要不然就掉进李江的陷阱里了。"

张公艺这话不是吓唬人的，当时法制不完备，百姓打官司的代价确实太大。耗费时间精力，花钱打点官府，不一定得到公平结果不说，还耽误农时，全家上下都忧心忡忡。为打官司败家亡身的人不计其数，打官司的两家大多都会结下仇怨。有一天，张公艺遇到一个叫王金钟的人，他对张公艺说："我有一个仇人叫范小竹，之前因为打官司，害死了我哥哥。如今，范小竹也死了，只留下他老婆孩子。他老婆吴氏也没有再嫁，正好现在有一个叫汪玉成的人，想娶吴氏为妻。我打算趁这个机会，想办法让吴氏受气，逼她嫁人。等她嫁了人，再想办法收拾她儿子，她儿子无依无靠，正好置他于死地，这样就彻底报仇了。"张公艺闻言，立马说道："这万万不可。如果你真做了这么歹毒的事情，天理难容，你也会难以立足的。"王金钟苦恼地说："按你说的，我哥哥的仇就不报了吗？"张公艺说："你难道不知道，你哥哥的仇已经报了吗？范小竹打官司害死了你哥，现在范小竹不是已经遭到报应也死了吗？这就是上天的公平之处。如果你再去害他的媳妇和儿子，你也会遭到报应的。这样冤冤相报，什么时候才能过上安宁日子？"张公艺接着说："赌气会让人受到伤害，一般庸人都很少能置之度外。只图报仇，让老天看清你的凶残。人生在世就几十年光景，做下恶事连累后人，儿孙的前程也会被败坏，你害过的冤魂永远缠着你，破家亡身，永无宁日。"王金钟听了，当即说："多谢先生教诲，我这才知道，我哥的仇，确实没必要再去报了。"张公艺说："你何止不能报仇，你还应该像古人说的那样，作为左邻右舍，要怜悯孤儿，体恤寡母。他们母子俩无依无靠，你们家离得近，应该经常关照。"王金钟听了，表示以后一定照办。

张公艺家附近还有一个叫王科文的人，有一天手里提着一把刀来找张公艺评理。他说，李成仕要争夺他家一棵做界桩的树，现在正在找人砍伐。王科文准备拿刀跟李成仕打一架，还想让张公艺评评理。张公艺急忙拦住："区区一棵树，能值几个钱？为了这事打架值得吗？万一行凶伤人，惹出大祸，到时候岂不是人财两空？你怎么办？"王科文说："我确实咽不下这口气啊。"张公艺说："人有七情六欲，愤怒最难控制，只有忍让是个药方。若不控制愤怒，行动鲁莽，造成严重后果，最终必定会后悔。伤财伤人，伤己伤子。忍让积福，凡事多多忍让，是我的处世原则。"王科文听了，情绪平静了很多，说："听了您的教导，确实如此。一棵树能值几个钱，我不跟他争了。我回家去了。"这事最后以王科文不计较收场。

四、训人重德戒淫

所谓万恶淫为首，张公艺这样仁德之人，自然会重德远色。年轻时候，因为家中财产相对殷实，有些奴婢、佃农常有勾引之心，指望着受到张公艺垂青宠爱，借机得些财物实惠，减些租税负担。却说有一天，张公艺去佃户秦某家收租，谁知道秦某夫妇预先商量好了要色诱张公艺。秦家当年交租该是八石，如果如数交纳，家里的口粮会短缺两个月，如果不如数交，于情于理又说不过去。秦某便跟妻子商量，不如等张公艺收租的时候，自己躲出去，让妻子陪张公艺喝酒调情，若是能够发生私情，必定能少交一些租粮。妻子虽不太情愿，但迫于家中贫困，对于名节道德也不那么看重了。这天张公艺来收租，秦某就找借口躲了出去，只留下秦妻置酒办菜款待张公艺。

张公艺看秦某不在就要回去，秦妻却苦苦挽留，殷勤倒酒夹菜，并且眉目传情。张公艺耐着性子坐了一刻，对秦妻的挑逗无动于衷。秦妻见张公艺不为所动，竟以手拉张公艺，张公艺终忍无可忍，甩手离席生气地说:"你一个妇道人家,应该遵守三从四德,女人名节比命都重要,你却如此轻浮下贱,生前不被人尊重,死后也会魂魄不安,下地狱受苦。"女人听了这话,急忙跪下来道:"先生,请您莫要生气,听我一言。我家因为贫穷,一直蒙您多加照顾。今年虽勤力经营,仍然无法如数交租,不然就得受饿两个月。丈夫与我商量,让我故意献身于您,以感谢您的大恩大德,求您减免我们些租粮。我们并没有其他坏心眼儿,实在是家贫难支,一家上下的性命都难顾全。"说着,垂泪欲滴。

张公艺看女子说得可怜,叹了口气:"你们这些可怜人啊,减免租粮事小,名节事大,怎么能这么糊涂,宁愿坏了名节以图减免租粮。回头跟你丈夫说,让他少交两石粮食就是了。"秦妻赶忙磕头,感谢张公艺的恩德。张公艺再教导她说:"卑污下贱枉为人,立志冰霜感圣神;富贵原从天理定,莫因贫乏乱人伦。"说完就转身离去了。

张公艺不仅自己重德远色,也这么教育劝勉别人。有一天张公艺到邻村讨账,遇到一个体面不凡的书生,正从妓院里游玩出来。张公艺招手唤书生过来,问他叫什么名字,书生回答:"姓杨名碧,小字朝升。"张公艺说:"你老师是谁?"书生答:"光裕李先生。"张公艺问:"老师每天都给你讲些什么内容?讲不讲《孝经》?"书生答:"老师主要讲诗文章句,不讲《孝经》。"张公艺叹息道:"不讲怎么能懂得什么是善恶呢?"书生听了此言,向张公艺请教说:"那么敢问先生,何谓善恶呢?"张公艺说:"万恶淫为首,百行孝居先。失足奸淫他人妻子,自是犯下了滔天大罪。本来富贵的人也会变得贫贱,本来正常的人也会丧心病狂而失去理智。古人有这方面的古训,举头三尺有神明,人有过错恶行要尽快努力改过自新。看到漂亮女子要想到她死去的样子——身上爬满了蛆虫,就会断绝欲望;看到花容月貌的女子,要当成自己家的妻子女儿,在花容月貌面前严于自省,这样就不怕受到迷惑了。洁身自好是一种美德，要立志如磐石才不会动摇。纯洁无瑕的心性冰清明朗，像世外神仙一样超凡脱俗。"

听完这话，杨碧叩首拜谢，发誓再也不走歪门邪道，同张公艺一起离开了。后来杨碧用功读书，考取进士，回家后先到张公艺家叩谢。

张公艺有一个同窗好友叫杨亨，有一天来拜访张公艺。张公艺将其迎入书房，两人畅谈旧日的交情。杨亨忽然对张公艺说："你一向深明道理，做事有分寸，请你教我一个节制欲望的方法。我没做过淫人妻女的事情，但是看到别的女子，心意便有所动摇。对自己的妻子，又难有节度，不能克制自己的欲望，不知道这是中了什么邪，还请你教我一个解脱的办法。"张公艺请杨亨坐，答道："淫欲容易让人遭受祸害，想避免它的祸害，就要用法戒。比如遇到别的女子，年纪相仿的视为自家姐妹，年纪大的视为母亲一般，年纪小的看作女儿一样。从前不是有人做戒淫诗说：'美色人人爱，皇天不可欺；我不淫人妇，人不淫我妻。'这是除去外来诱惑的戒淫。又有戒过度淫欲的诗云：'火动思亡妇，蛆穿不像人；耳目手足朽，臭气实难闻。'这是破除色欲的魔障。"杨亨听了感激地说："多谢您的金石之言教导。"

张公艺之子孙后嗣

唐仪凤元年（676），张公艺含笑长逝。葬在山东省寿张县古贤村（今河南省台前县桥北张村）前二百米处，附近还有张公艺祖父张德之墓、张公艺父亲张兴之墓。张公艺兄弟十人，名讳依次是温、良、惠、茂、俭、艺、诚、让、秀、严。张公艺去世以后，历代官员多次到此祭奠。

张公艺墓碑图

张公艺家族枝繁叶茂，后嗣子孙出仕做官者无数，其中不乏高官名人，比如张公艺六世孙张九龄，文采风流，唐玄宗时官至丞相。根据"张氏族谱"和相关文献记载，本文略述部分张家后裔以及目前在全国的主要分布。

一、历代名人举例

一、唐代

1. 张希达

张公艺长子,在有些传说中,张希达曾中进士,但据史料记载,张希达在唐高宗访贤后,获得赐封,赐为司仪大夫。

2. 张希文

张公艺二兄张良之子,曾任工部侍郎。

3. 张希舜

张公艺三兄张惠之子,曾任文部(唐天宝十一载改吏部为文部,至德二载复旧)官。

4. 张英

张公艺之孙,张希达之子,张九龄曾祖,曾任韶州别驾。

5. 张杰

张公艺之孙,张希达次子,曾任归德府同知。

6. 张俊

张公艺之孙,曾任绥定州知州。

7. 张儒

张公艺之孙,曾任平原县令。

8. 张瑷

张公艺之孙,曾任南康府尹。

9. 张太福

张公艺四世孙,曾任雍丘县令。

10. 张多祥

张公艺四世孙,曾任兵部主事。

11. 张子胄

张公艺四世孙，曾任越州剡县令，张九龄之祖。

12. 张秉才

张公艺五世孙，张九龄之父，曾任山阴县令，追赠广州刺史。

13. 张玉夫

张公艺五世孙，进士及第，曾任庐州府府尹。

14. 张亨

张公艺五世孙，曾任蒙自县令。

15. 张九龄

张公艺六世孙，张秉才之子，玄宗时丞相。因曾祖张英任韶州别驾，迁居曲江。《唐书》有传，下节详述。

16. 张九皋

张公艺六世孙，张九龄仲弟。曾任殿中监、岭南道刺史，徐、宋、襄、广州刺史，赠礼部尚书，谥曰成。弱冠以孝廉登科，入岭南按察使尚书裴象先幕府，表授海丰郡司户，后来特加朝散大夫，迁马陵郡别驾。除殿中丞，又迁尚书职方郎中。后来随着张九龄被贬，也被贬至外地，历安康、淮安、彭城、睢阳四郡守。临民执政，作人父母，为国家循良吏。后来迁襄阳郡太守兼山南东道采访处置使。他非常有才干，因功除南海太守兼五府节度经略采访处置等使，摄御史中丞，赐紫金鱼袋。后来封为开国伯，食邑七百户。官终殿中监。天宝十四载四月二十日，因病逝于长安家中，享年六十六岁。

17. 张九章

张公艺六世孙，张九龄季弟。曾任吉、明、曹州刺史，天宝中为岭南节度使。

18. 张捷

张公艺七世孙，张九皋长子。曾任端州刺史。

19. 张擢

张公艺七世孙,张九皋次子。曾任右金吾卫兵曹参军。

20. 张扬

张公艺七世孙,张九皋之子。曾任试大理司直康州刺史。

21. 张抗

张公艺七世孙,张九皋之子。曾任检校户部郎中兼御史中丞,赐紫金鱼袋,朔方邠宁节度行军司马。

22. 张捍

张公艺七世孙,张九皋之子。曾为弘文生。

23. 张仲方

张公艺八世孙,张抗之子。贞元年间进士及第,曾任仓部员外郎、河南少尹、郑州刺史、谏议大夫,历散骑常侍、京兆尹,赠礼部尚书。《唐书》有传,详见下文。

24. 张嗣光

张公艺八世孙,曾任南昌府别驾。

25. 张仲孚

张公艺八世孙,赐进士第,曾任监察御史。

26. 张治

张公艺九世孙,赐进士第,任金溪县令。

二、五代

1. 张兆麟

张公艺十世孙,曾任砀山县典史。

2. 张辙

张公艺十二世孙,后晋赐进士第,曾任监察御史。

3. 张彦泽

张公艺十五世孙，张辙曾孙，后晋大将，曾大破契丹。

4. 张荣

张公艺十六世孙，张彦泽弟张庭泽之子，因张彦泽功封朝议大夫。

5. 张华

张公艺十六世孙，张彦泽弟张庭泽之子，因张彦泽功封朝议大夫。

6. 张昌

张公艺十六世孙，张彦泽弟张庭泽之子，因张彦泽功封朝议大夫。

三、宋

张光先，张公艺二十世孙，德祐丙子科举人，任东吴县令。

四、元

1. 张广俊

张公艺二十一世孙，解元，曾任工部主事。

2. 张国政

张公艺二十三世孙，曾任堂邑县教谕。

3. 张文千

张公艺二十五世孙，曾任陕西绥定州同州、庐州府通判。

五、明

张玉，字光璧，明万历四十六年科举进士，曾任真定知府、浙江道监察御史。

六、清

1. 张国祚

康熙二十四年曾任阳谷知县。

2. 张弘俊

进士，曾奉命巡察山东。

3. 张钜麟

云南临安府蒙自县知事。

4. 张振公

康熙二十七年任博罗县训导。

5. 张锡钦

康熙年间曾任兖州知州。

二、名相张九龄及其孙

张公艺兄弟十个，子男八人，张家可谓枝繁叶茂，子孙昌盛。张公艺后嗣中不乏名人高官，其中，最出名的就是张公艺六世孙张九龄。作为开元盛世一代贤相，一代辞宗，张九龄名垂青史，声名卓著。

张九龄，字子寿，又名博物。曾祖张英，张公艺长子张希达之子，字君政，曾任韶州别驾，举家随迁至始兴，至九龄为韶州曲江人，因此世人称张九龄为"张曲江"。张九龄父张秉才，字弘愈，曾任山阴县令，因张九龄显贵，追赠广州刺史。

张九龄幼年即聪敏过人，善于读书作文。十三岁那年，写文章书信干谒广州刺史王方庆，王方庆赞叹不已，说："这孩子将来一定能飞黄腾达。"后来登进士第，拜为校书郎。唐玄宗当时是太子，亲自策问天下有文藻之士，张九龄制举登高第，迁右拾遗。

张九龄有识人之明，当时吏部选拔人才，都让张九龄和右拾遗赵冬曦考定等第，前后大约有四次，每次出来的成绩都被人称为公平。开元十年（722），迁为司勋员外郎。当时张说为中书令，与张九龄同姓，叙为昭穆，非常信任看重他，说张九龄必为将来文人之首。张九龄颇感遇到知己，也乐得依附于他。开元十一年，拜为中书舍人。

开元十三年（725），玄宗东巡行封禅之礼，张说选封禅的侍从官时，多数从尚书省、中书省的录事、主书之类的胥吏中选拔，超常规授予官职，让张九龄草诏，张九龄对张说说："官爵是天下之公器，首先以德望为主要考量标准，其次是官荫劳考。若是主次颠倒恐怕会惹来他人讥议。现在国家行封禅大礼，是千载一遇的大事，怎么清流高品不能沐浴殊恩，而胥吏末班反倒予于高位？只怕诏制一出，天下人要失望了。现在是草诏阶段，事情还有回改的余地，希望您再认真考虑一下，免得将来后悔。"张说答："事情已经决定了，天下人的议论不足为虑。"最终也没有采纳张九龄的建议。后来诏制出来，天下人对张说非常不满。

张说后来被御史中丞宇文融弹劾，罢知政事，张九龄也受到牵连改官太常少卿，不久出为冀州刺史。张九龄因为母亲岁数大了，而河北道离家乡太远，上疏固请换到江南任职，后来改为洪州都督，又转为桂州都督，充岭南道按察使。让张九龄每年伏日、腊日进京觐见。

张说负责集贤院事务的时候，经常推荐张九龄为学士作为顾问。张说去世后，玄宗想到他说的话，把张九龄召回来拜为秘书少监、集贤院学士，作为负责集贤院事务的副手。后来又迁为中书侍郎。经常有秘奏被皇上采纳。不久因为母丧归乡。

开元二十一年（733）十二月，起复拜为中书侍郎、同中书门下平章事。第二年，迁中书令，兼修国史。这时，范阳节度使张守珪的裨将安禄山讨伐奚和契丹，兵败，被执送回京师，按令当斩。张九龄奏劾："穰苴出军，必诛庄贾；孙武教战，亦斩宫嫔。守珪军令必行，禄山不宜免死。"[①]但是皇上不听，特地赦免了他。张九龄再次上奏说："禄山狼子野心，面有逆相，臣请因罪戮之，冀绝后患。"然而玄宗不听，放安禄山回藩镇。

---

① 〔后晋〕刘昫等：《旧唐书》卷九九，中华书局，1975年。

开元二十三年（735），张九龄加金紫光禄大夫，封始兴县伯。李林甫自己不学无术，而张九龄的德行文章为皇上所了解，因此心中很忌讳张九龄，想引荐牛仙客知政事，张九龄多次说不可以，惹得皇帝不悦。开元二十四年，迁尚书右丞相，罢知政事。张九龄风度绝佳，后来宰相每次向皇帝引荐公卿，皇上一定会问："风度跟张九龄比怎么样啊？"按照惯例，一般官员上朝时，把笏板插到腰带上，然后乘马。张九龄身体羸弱，经常让人替他拿着，因此用笏囊装着。笏囊的设置，就是从张九龄开始的。

当初张九龄为相时，曾举荐长安尉周子谅为监察御史。后来周子谅犯事被杀，张九龄也因举荐非人受到牵连，贬为荆州大都督府长史。不久请求归乡拜墓，生病去世，享年六十八岁，赠为荆州大都督，谥曰文献。

后来安禄山果然叛乱，当时张九龄之子张拯为伊阙令，陷于贼中，坚持不受伪命。后来收复两京，皇上下诏加为太子右赞善。至德初，玄宗为太上皇，避难蜀中，想起张九龄预言安禄山的话，感叹张九龄的先知先觉，下诏褒赠司徒，遣使到韶州祭祀张九龄。

张九龄为相时，曾建议重新设置十道采访使，又教河南数州种植水稻，以扩大屯田。但议置屯田，费功而无利，最终未能成功，于是作罢。史载张九龄性情比较急躁，动不动就生气骂人，也有议者因为这个批评他。

张九龄为一代词宗，是唐代著名文人，著有《曲江集》二十卷传世。张九龄的诗歌以感怀为主，吟咏山水，一改唐初沈佺期、宋之问的浮靡，独开清澹之派，诗歌情怀高古，是从初唐到盛唐诗风的重要过渡人物。而且张九龄与文人往来频繁，结交广泛，王昌龄在秘书省时是其下属，还曾提拔王维为右拾遗、卢象为左补阙。在荆州时，还曾请孟浩然为其幕下宾客。为中书令时还与裴耀卿往来密切。他们之间有诸多诗作往来，张九龄因其官位较高，选贤任能，气度不凡，为时人所敬仰，影响广泛。

张公艺的八世孙、张九龄的侄孙张仲方，在《唐书》中也有传。据说，他在年少的时候就俊朗秀逸。其父张抗的好友高郢见到他大吃一惊，说这孩子不同寻常，将来必为国之重器。表示如果自己获得高位，必然会提拔他。后来高郢为御史大夫，首先奏请张仲方为御史。后来张仲方为金州刺史，郡人有田产被他人夺走了，张仲方多次上疏奏闻，最后竟然为人申了冤。后来做度支郎中，驳斥李吉甫的谥号，被李吉甫的党人厌恶排挤，出为遂州司马。后来又迁复、曹、郑三郡守。又为谏议大夫。当时，鄠县令崔发因为侮辱小黄门，被敬宗发怒下狱，后来大赦时，唯有崔发不被赦宥。张仲方上疏说这件事，救了崔发之命，当时的议论都赞美张仲方。后来张仲方还曾为京兆尹，因不称职出为华州刺史，改秘书监。开成二年去世，时年七十二岁，赠礼部尚书，谥曰成。

三、子孙分布

山东寿张县张氏家族自从南北朝时期同产共居，到唐麟德二年高宗访贤时已经二百余年，九世同居不分家。此后除做官的子孙随官迁居外地，如张公艺长子张希达为司仪大夫宦于京城，张公艺之孙张英为韶州别驾迁居曲江，其余张家族人仍然同产共居，直至755年安史之乱爆发。此时张家已经不是九世同居，而是已经延续到十二世、十三世，仍然为财产共有、统一分配。

安史之乱爆发以后，张氏家族分崩离析，迁居全国各地，近者迁至附近州县，如现在的台前县、范县、濮阳市、信阳市、固始县、郑州市、开封市、洛阳市都有张氏后裔，远者迁至福建、广东、山西等处，全国多处发现以"百忍堂"为堂号的张家族谱，甚至不少张氏后人侨居于马来西亚、新加坡、印度尼西亚、泰国、缅甸、美国、韩国等地。

据相关资料记载，张公艺的三哥张惠的五世孙张保柱，率一批人从郓州寿张迁至山西，十世孙叫张士栋，十一世孙张重光，十二世孙张延青、张延素、张延御。其中张延御的后裔张谨又从山西迁居河南光州固始。至十九世孙张枢（字英韶），从固始奉诏入闽为永春县令。张枢一支子孙众多，二十九世孙张政原、张政顺迁居钱山村，今仍有张氏宗祠一座，上挂"百忍家风"匾额。

光州固始的张公艺后裔有一个叫张睦的，为唐末五代梁国公，唐中和四年（884）迁入福建，后裔居闽侯县上街镇厚美村。后唐明宗长兴三年（932）王延钧建闽国，追赠张睦为太师。张睦后人徙居永泰县月洲、闽清县坡东镇、福州市等地。

张公艺六世孙张延岭，安史之乱时为避兵祸，率一批人自寿张县迁于山西洪洞。这一支子孙众多，家道兴隆，在山西名声卓著，其居住地被称作"张家大楼"。明代时候，其中一个叫张弘谟的，自山西洪洞迁至山东原泽县税郭。后人还有从税郭迁至枣庄等地的。

年代久远，迁徙多次，囿于文献有限，多不可考。关于张家最终分崩离析散居全国的原因，人们所言不一，归结起来大概有以下几点：

其一，朝廷为防止谋反分家说。张公艺家族自南北朝时期聚族同居，长达二百余年不分家，而且土地广袤，良田千顷，屋舍四百余间，张家在当地因扶危济困声名卓著，非常有威望。张家子弟还注重修习武功，兵乱时期用以自保，和平时期则习武健身，有一定的武装力量。因此，有一些不怀好意的人就散播流言，说张家几百年不分家聚族同居是为谋反。然后引起皇上的疑虑，将张家族人分居江南十三省，削弱其家族势力。

其二，朝廷推广忍道分家说。张公艺家族数世同居，自北齐至唐朝，获三朝四次旌表，海内皆知，其家族的和睦礼让为历朝帝王所表彰赞赏。尤其是麟德二年高宗封禅泰山，亲至寿张县张家宅中访贤，问其治家之道。对张公艺所呈的一百个"忍"字深为叹赏，感动流涕，赐以缣帛，免张家赋税。回京后，赐字"百忍义门"，并且赐张公艺长子张希达司仪大夫的官职，充分表达了高宗对张家治家之道的钟情。朝廷为了推广以礼仁为核心的百忍治家之道，将张家人分散到全国各地，将仁、义、礼、孝的思想传播到各处，作为全国示范，促进家庭与社会的和谐。

其三，避难分家说。755年，安禄山、史思明举兵叛唐，以奉密诏讨伐杨国忠为借口在范阳起兵，叛军势不可当，直指两京，玄宗等仓皇出逃，河南城镇纷纷陷落，直到张巡、许远坚守睢阳十月，安禄山、史思明被杀，唐军才得以收复两京，恢复李氏王朝的统治。但国家元气大伤，社会遭到了一场浩劫，百姓民不聊生，边疆不稳，唐朝的统治也从此受制于地方藩镇割据。安史之乱给中原人民造成极大伤害，很多世家大族为了躲避战乱，都举家搬迁。史载张九龄曾经预言过安禄山必反，当年安禄山犯罪，他曾力谏玄宗按令杀掉安禄山。可惜玄宗没有听从，后来玄宗避难蜀中，还想起张九龄当年的谏言，后悔当年赦免安禄山，追赠张九龄，遣使祭祀。正因如此，安禄山特别憎恨张氏家人，叛军到达河南、山东，欲灭掉张家全族。据说，当时在朝居官的右仆射张抗（张九龄弟张九皋之子）闻叛军屠张氏消息星夜赶回家乡，安排族人分散到全国各地，尤其是南方诸地，以避安禄山之乱。

其四，随官移居说。张家重视读书习文，子弟多有学问，自张希达赐司仪大夫仕于京师，子孙出来做官者层出不穷，如张英任韶州别驾，举家迁于曲江，所以曾孙张九龄被称作"张曲江"；再如十九世孙张枢，从固始奉诏入闽为永春县令，举家迁入福建，子孙后嗣遂居于此处。

张家聚族同居数百年，最终分崩离析，具体原因说法各异，但分析起来，除了唐朝防止谋反一说较为荒唐，其余几个原因都比较可信。张家三朝受四次旌表，其道德模范，举国皆知，高宗尤其认同其治家之道，高宗对张家能够数百年不分家表示由衷的赞赏，所以防止谋反一说绝无可能。张家成为治家的道德模范，朝廷希望举国效仿则有可能。不过更为可信的理由，应该是躲避战乱，一部分则属于随官移居。无论如何，张家后人分居全球各地，百忍堂号遍布全国，对于传播张家治家之道，传承百忍文化有很大的帮助。

四、后世风励

张家的和睦友爱和张公艺的仁德，以及他所倡导的百忍文化，不仅在当时受到朝廷的表彰，在后世也受到了历朝历代官方或个人的风励和纪念。

张公艺生前的影响自不必说，张公艺仙逝以后的第八年，即唐中宗嗣圣元年（684），寿张县令姚祥，将张公艺配祀于学官；唐玄宗天宝六载（747），寿张县令刘公奉玄宗敕令，在寿张县东关建设祠宇，设立肖像崇祀，由张公艺六世孙张永龄主持祭祀仪式。唐玄宗这次建词崇祀，对张公艺百忍文化的留存传播影响甚巨，张公艺人虽殁，而遗德犹存，自唐朝至清朝一千多年间，后世历代官方都选择张家后人的优秀代表主持祭祀仪式，以示鼓励和劝勉。

从唐朝、五代至北宋南宋，百忍堂虽然几经兴废，但其间六百余年基本没有断过祭祀。至元代至正三年（1343），黄河决水，淹没山东寿张一带，城郭都被淹溺，张公艺的祠堂也因而沦没。原样旧貌再也不可复得。

明朝建立以后，洪武十三年（1380），寿张县城由今日的山东梁山县寿张集迁至今日的山东阳谷县寿张镇，也就是从黄河南岸迁到了黄河北岸。到了正德六年（1511），当时的山东布政使司参政史学重新建祠堂，念及张公艺家族九世雍睦，百忍遗风，作张公艺塑像置于其中，配祀于学官。寿张知县荀玄率领其属其学诸生，令人纪事于石，作《修乡贤祠记》，其辞曰：

大唐布衣张公艺雕像

兄弟之身，其源一人……有美张公，不沦于俗。九世同居，三朝宠渥。唐之高宗，为幸其庐，煌煌翠华，辉应里间。天子曰："嘻！汝何能尔？"公拜稽首，上言天子。濡毫伸纸，惟忍字百，天子曰：都锡以缣帛。"美哉斯言，维家之益。彼不能然，其何能久？匪睦其实，实睦其心。其事则近，其化则深……"①

祠堂重建以后，知县命张公艺二十六世孙张裕，复袭奉祀，主持祭祀仪式。张公艺祠堂自至正三年被黄河水淹没，至此在寿张县新县城得以重建，时过一百六十七年。

又过了百余年，到万历四十二年（1614），张公艺祠堂日趋破败，寿张知县李仰在寿张县城东关外重新建立新祠，竖立塑像，作为当地学习的榜样。同时，知县李仰亲自创作了《唐先贤张公祠堂记》记述其事，并论曰：

思古之论不朽者，太上立德，其次立言。张公之德，宽然长厚。忍之一字，从忍从心，心则不易谈也。非慧眼则不能觑破机关，非刚肠则不能抹杀世纲。惟真心足以感鬼神，实心足以凌苍凹者，坚执力蓄之能有济焉……张公之立德立言，有温德以成其名誉也②。

---

① 荀玄：《修乡贤祠记》，《张氏族谱》。
② 李仰：《唐先贤张公祠堂记》，《张氏族谱》。

李仰对张公艺推崇备至,不仅为之建立新祠,自述其事,还专门找人作《新建唐先贤张公祠记》,阐释张公艺的百忍文化精神,谓其"是必有慧眼朗鉴,常空明以破其情尘,而后能忍;是必有刚肠劲气,常磨砺以斩其性蘖,而后能忍,忍何容易哉!"①知县李仰还专门为张公艺竖立塑像,作《唐先贤张公像赞》,以为张公艺人虽殁亡,而精神魂气长存,"飘飘乎若羽化登仙也,霏霏乎若风云变幻也,莹莹乎若皓月之照长空,迢迢乎若烟水之互相吞吐也,恍恍乎若野马氤氲,惚惚乎若星河明灭也。"②其精神往来无所不之。李仰又选择张公艺五十三代孙张邦荣主持祭祀,作《祭唐贤张公文》,自述"余莅任之初,建祠塑公像,题百忍堂以安公之神灵。公向麻姑问沧海,隋松子驻蓬莱矣。然招魂楚些有歌,而白云缭绕,紫气蹁跹,未始不翱翔于寿良之墟也。余申守道,勒碑以传公之神。"③为张公艺树碑,作《书张公艺碑阴》,凭吊古人并详记其地址。

至明崇祯六年(1633),兵备道副使会稽进士陆梦龙和知县裴之纁捐资出银,重新整饬一翻,又捐出祠堂前东西二亩地,扩大祠堂地基,东边建蔬圃园,西边立百忍堂石。一段时间后,又将左边改省牲所,右边作更衣亭。令张公艺的裔孙张洪恩在其中教学并负责祭祀。知县又勒石记其事,以便于传播久远。

清顺治七年(1650),黄河水再次泛滥,淹寿张县城,祠宇亭所尽被倾圮;康熙二年(1663),张家族人张弘俊奉命分巡山东,恭谒家庙时,产生木本水源之思,然后命令县令陈公重葺祠堂,后建寝室,格眼门屏都焕然鼎新。又捐了十八亩祭田,供祭祀所用。过了七十年,到雍

---

① 黄体仁:《新建唐先贤张公祠记》,《张氏族谱》。
② 李仰:《唐先贤张公像赞》,《张氏族谱》。
③ 李仰:《祭唐贤张公文》,《张氏族谱》。

正十二年（1734），祠堂变得颓废不堪，恰好朝中司勋郭学师来祠主持春祭，见破损严重，当即下令重修。重修之后，"庙貌巍峨，祖像庄严，漫绘行乐图写其于屏格、门垣、斗拱、榱题，玉是点缀聿新"[①]。张公艺祠堂初建于唐朝，绵延至五代、宋朝，元朝断缺，明朝复建，清朝改革重修。

1723年清朝雍正皇帝将张公艺九世同居的事迹写入《圣谕广训》中并颁行天下，感召臣民。

近现代以来，百忍堂的遭遇比较坎坷。1932年，山东省立第八乡村师范学校占去百忍堂祭田十余亩，补偿张家大洋七百余元；张氏族人"用此款又购得祭田十余亩，并将祠堂涂抹丹素，焕然重新"。1956年，山东省政府拨款，对百忍堂进行整修。1966年夏末秋初，阳谷一中、寿张中学近三百名学生，高呼"破四旧"，游行到百忍堂前，要求东关党支部拆掉祠堂。桥北张村张公艺后裔获知此事后，二十多位族人于当晚摸黑来到祠堂，举行了一次无可奈何的祭祀。之后，百忍堂壁画、碑碣乃至整个祠堂院落，悉数被毁。

1994年，张公艺后裔"奉捐输金，躬行义举"，台前县文化局主持，"决定于公之墓前重建百忍堂"。新建的百忍堂，正厅塑立张公艺像，形象还是一位大唐布衣；堂内墙壁上，也重新绘制了"唐王访贤"等壁画。

---

① 张兴俭：《历修始祖祠堂志》，《张氏族谱》。

张公艺作为寿张一带著名的乡贤，不仅在各种正史、方志、笔记等文献中有记载，在民间也流传着许多跟他相关的逸闻传说。这些传说或是神鬼怪异的故事，或是节庆民俗的来历，虽然不可考证，但似乎又都与张公艺其人其事相暗合。此处略述一二，以窥一斑。

一、灶王爷传说

过去由于社会发展落后，人们对事物的认知较为有限，便对很多不能解释的现象发挥想象力，认为有一些超越自然的力量，形成诸多形形色色的神明，还各司其职。人们按照自己的想法，祈祷祭拜，以趋利避害。形成一些传说中的人物，比如掌管灶台的灶王爷。还形成了一些节庆民俗，如祭灶日吃麻糖，现在看来颇为有趣。

我国北方民间广泛流传着有关灶王爷的传说。灶王爷，又称灶神、灶君、灶王，是一家之神，灶王爷的主要工作是保护一家人的平安，观察一家人的善恶，对一家人的生活状态要心中有数，每年腊月二十三向玉皇大帝汇报，看这家人是否勤俭节约，有没有奢侈浪费。《敬灶全书》说："灶王受一家香火，保一家平安，察一家善恶，奏一家功过。"若是这家人言行不轨，玉皇大帝要降罪于他们。宋代范成大有《祭灶词》云："古传腊月二十四（按：一般人们都传说是二十三），灶君朝天欲言事。云车风马小留连,家有杯盘丰典祀。猪头烂熟双鱼鲜,豆沙甘松粉饵圆。男儿酹献女儿避,酹酒烧钱灶君喜。婢子斗争君莫闻,猫犬触秽君莫嗔。送君醉饱登天门,杓长杓短勿复云。乞取利市归来分。"生动地描绘了人们对灶王爷的期望。

灶王爷要上天见玉皇大帝,所以每年的腊月二十三人们要祭祀灶王爷,给灶王爷烧香磕头,求他保佑全家平安。灶王爷的神像贴在厨房灶台旁的墙上,高度与锅台差不多,要让灶王爷能看到锅里的情况,能观察到一家人有没有浪费。传言神像不能贴得太正,要向锅的方向稍微倾斜一点,寄托"灶王爷向里倒,收的粮食吃不了"的美好寓意。

每年的腊月二十三还要供奉灶王爷吃麻糖。麻糖味甜,灶王爷吃了以后,说的话就是甜言蜜语,向玉皇大帝汇报的时候,多说这家人的好事。同时麻糖较黏,会粘住嘴巴,这样灶王爷即便想汇报错事坏事也张不了口。至于为什么选在腊月二十三祭祀灶神,据说,灶王爷上天庭汇报来回需要六天的时间,还要花一天时间向玉帝汇报,因此一共七天,为了赶回家与家人共度除夕,必须在春节前七日上天汇报,正好是腊月二十三出发,人们在灶神出发前祭祀他,求得福佑。

因为张公艺家庭和睦,张公艺本人又仁德慈爱,深受当地人喜爱敬重,高宗访贤以后,张公艺声名更加卓著,其形象性格非常符合人们对于灶王爷的想象和需求。于是北方多地画了张公艺的画像,供奉为一家之神。

二、饺子来历

饺子在我国北方的食品中,占据非常重要的地位。每年的重大节庆日,北方家庭都会包饺子,尤其是除夕和春节的第一顿饭,都以饺子为团圆饭的主食。即便是生活再困难的家庭,也会努力在节日期间吃上一顿饺子。饺子的皮用面粉做成，馅就比较丰富多样。食用起来既美味，又营养健康。所以每个家庭有成员要出门远行前，家人都会以一顿饺子作为送行饭，所谓"出门饺子回门面"。饺子在中国北方具有如此重要的地位。据说，在唐代以前并没有这种食品。饺子的来历，还要从张公艺一家分居说起。

张公艺一家九代人在一起过活，和和睦睦的几百年，本来好好的，可是后来唐朝的天下乱了，安禄山从北方范阳带着十五万大军南下反唐，打到了洛阳，又攻下了长安。这时唐朝的皇帝正是玄宗李隆基，吓得他逃到四川去了。从此天下大乱，抓兵抢食，苛捐杂税多如牛毛。家大招风，九百多人在一起生活不行了。除此以外，还有个原因，就是张家有个人叫张九龄，在朝廷当过宰相，他早就看出安禄山久后必得叛乱。当时安禄山是范阳节度使，张九龄向唐玄宗进言，要他削安禄山的兵权，可是唐玄宗正迷着杨贵妃，安禄山又认她作干娘，玄宗对这位宰相的话哪能听得进去呢。现在安禄山真的叛乱了，但不知这位宰相说的话是否传到安禄山耳朵里了，如果传到他耳朵里，这还了得，安禄山不杀他全家才怪呢！这该怎么办？全家一商量，只有分家，别无良策。分开以后，留下一部分人，目标小了，大部分人逃到外地去。

一提分家，男女老幼都非常难过，可是，这也是没有办法的事，为了表达在一起生活的意愿，临别吃了一顿饺子。还约定以后每年春节第一顿饭都要吃饺子，是取意念念不忘这个团结的大家庭。另外，以包饺子为戒口舌，外逃后不能说与张九龄是一家。

这本是张家分居时的统一部署，后来有人效仿，外出时亦包饺子饯行，寓意口紧，少说闲话，以免招来麻烦。至今每年春节或家人外出时，亦都包饺子为食。包饺子必须边缘捏紧，不能露馅。现在，人们还常做捏的手势比喻说"口紧"，也是这么个来历。

三、百忍获赠金人

张公艺以百忍治家，倡导人与人之间互相忍让，所以张氏家族内外上下和睦，文明礼让，从来没有争抢纠纷。对邻居、乡人、亲戚、朋友都宽容忍让，仁慈大度，扶危济困，救人无数。有人向其借过钱粮，也从不催债逼债，而是常常可怜别人悲苦，主动减免债务。买牛之后别人反悔，也愿意退回；卖牛之后牛生病而死，自己主动承担损失。路上遇见他人有困难，慷慨解囊相助。无论是乡邻还是仆人、私塾先生的冒犯，均不以为意，宽容忍让。张公艺的善行在乡里远近闻名，也传到了玉皇大帝的耳朵里，玉帝欲察其虚实真假，就派太白金星下凡，到寿张县张氏家中考察一番。经过调查，张公艺忍让的事已经达到九十九件，太白金星回天庭复命，玉皇大帝打算，如再有一忍，就给张公艺建一座百忍堂。玉皇大帝眼睛一转，立刻有了主意。

这天恰好张家一对年轻人结婚，张灯结彩，热闹非凡，处处弥漫着喜庆的气息。客人来来往往，络绎不绝，张家也尽力尽心接待。转眼到了傍晚时分，客人逐渐散了，玉皇大帝化身为一个老和尚，拄着拐杖，来到张家门口，托钵化缘。张家人一向行善积德，忙拿出食物给和尚，但和尚不满意。拿出银两来，和尚也不接受，吵吵闹闹，非要见张家的当家人。张公艺闻讯，赶到现场，施礼作揖，问大师有何贵干。

和尚见到张公艺，更加倨傲，说："贫僧远道而来，听说你们家今天办喜事，我也想沾点喜气，想在你们家新人的婚房借宿一晚，你看如何？"众人一听，非常恼怒，就想拿棍子把和尚打出去。张公艺见和尚生得仪表不凡，而且口气非同一般，就摆手制止了家人，说："大师既然有此意愿，我们定会满足。这就重新安排新人房间，把婚房给大师住。"众人虽然非常不满，也听从了张公艺的安排。和尚径直走进洞房，倒头便睡。夜里张公艺做了一个奇怪的梦，梦见玉皇大帝对他微笑着说："你已经历经百忍，修成正果，我要把金拐杖赐给你，建个百忍堂。"

第二天日上三竿，新房内的和尚还没有动静，张氏家人备好早饭，来喊和尚吃饭，左呼右喊都不见回应。张公艺听了，甚觉奇怪，带人推门进来，说："请师傅起床用饭。"仍然不见回音。张公艺着人近前，把被子掀开一看，哪里有和尚的影子，只有一个金子做的小人儿直挺挺地躺在被窝里。这时候张公艺想起昨天夜里做的梦，恍然大悟，用这个金人换钱盖了一座百忍堂，以百忍之道教育家人，影响后人。

张公艺的宽容忍让对家人影响很大，兄弟子侄竞相仿效，连新娶的媳妇也以此自律。有一年张家四少爷结婚，来了一个老乞丐，这位老乞丐不仅缺衣少食，还贫病交加，身上脸上满是脓疮。乞丐来到办喜事的张家，张家人不仅没有驱赶，还拿出衣食招待乞丐。结婚第二天早上，按当地习俗，新媳妇要倒水给公婆洗脸。想到这位可怜的乞丐，新媳妇也倒了水给他洗脸。因为脸上身上遍布脓疮，洗下的水非常污秽。乞丐却让新媳妇把污水用坛子装起来，不要倒掉。新媳妇虽惊讶，也毫无怨言地照办了。

到了第三天早上，新媳妇再次倒水给老乞丐洗脸时，却到处找不到人。只见台上放了一张纸条，新媳妇把纸条拿给家人看，大家都大吃一惊，原来那位遍身脓疮的老乞丐是位老神仙所扮，专门来看看传说中称作"百忍堂"的张家。众人按照纸条吩咐，再打开新媳妇昨晚用来装污水的坛子，哪里有污水，分明是满满一坛子的金银。张家人的忍让再次感动了神仙。

四、唐王贡酒传奇[①]

且说唐代高宗皇上假扮道士微服私访张家，张公艺命小童抱来一坛

[①] 本节选自《中国民间故事全书·河南卷·台前》，转引自曹怀之编著《张公艺与百忍堂》，大象出版社，2013年。

酒，启封后，醇香满室。张公艺斟了满满一杯，双手递给道士，道士呷了一口，只觉得清香甘甜，沁人心脾，便问道："此酒用何技艺酿造，甘美无比，贫道从未喝过这样的好酒。""提起我家的酒，说来话长。师父若不嫌聒噪，便听我细说端详。""好，贫道洗耳恭听。"

西汉末年，古贤村张家有个叫文生的青年，生得儒雅俊秀，风度翩翩，且能诗善画，多才多艺，方圆百里，无人不晓。尽管媒人踏破门槛，可他就是没相中一人，岁月蹉跎，年逾二十尚未婚配。文生素爱佛学，与梁山雪峰脚下茅草庵的和尚明鉴十分要好，每年春天都来庵里住几天。有一年春天他又来到茅草庵，恰明鉴和尚去腊山讲法未归，他便独自上梁山玩耍。时值仲春，气候宜人，漫山遍岭的野花竞相开放，姹紫嫣红，芬芳扑鼻。文生一边走，一边即景吟诗，不知不觉来到黑风口。突然狂风骤起，飞沙走石、天昏地暗。文生刚要转身往回走，便有一股强有力的旋风将他卷起，文生吓得双目紧闭。

飘飘悠悠，飘飘悠悠，一会儿，耳畔没有了风声，文生觉得身体挨着地，才敢睁开眼睛。举目四望，这里是一个怪石嶙峋的山洞，洞中阴气森森的，烛光荧荧，摆设却十分华贵。金银玉器，闪闪发光；牙雕玉床，铺锦叠缎。"公子，您受惊了。"随着一声娇腔嗲调，从猩红帷帐后出来一个风骚女人，描眉画眼，口似血瓢，满头插金戴翠，着一袭薄如蝉翼的粉红色纱衣。她上前将文生扶起，文生惊诧道："这是什么地方？你是何人？""此乃神仙洞府，妾乃黑风洞主。今日天赐良缘，快快与我成就百年之好。"说着拉住文生的胳膊。文生拂袖道："请你放稳重些！""好一个持重的郎君，妾就喜欢这样的男子汉。"那女人说着伸出双臂，上前勾住文生的脖颈，一双媚目频频传情，荡人心魄。文生不由得一阵心跳耳热，但他马上定下神来，我乃知书达理之士，岂能干那鼠辈勾当！遂呵斥道："放开手！"不料那女人将他搂得更紧，脖颈似绳子缠住一般，令人窒息。文生又气又羞，抽出一只胳膊，"啪"的一掌打在那女人的脸上。她一愣，悻然松开双臂，接着柳眉倒竖，杏眼圆睁，怒道："好一个铁石心肠，老娘还不稀罕你哩！"说毕从口中喷出一团黑雾，一个旋风又将文生卷起，出了洞口升至半空，文生俯视下面乃万丈深渊。旋风忽然停住，文生被抛向深渊，一声惨叫，他昏死过去。

不知过了多久，文生只觉得一股甘甜清冽的琼浆沁入肺腑，神智马上清醒过来。他缓缓睁开眼睛，发觉自己竟躺在一位少女的怀里。他想挪开，刚一动，浑身便如针扎般的疼痛。少女发现他醒过来，惊喜地说："您可醒过来了。"遂将他轻轻地放在草地上，方站起身来。文生上下打量了那少女一眼，她虽荆钗布裙，但生得花容月貌，妩媚动人，有着仙子一般的神韵。"谢谢姑娘救命之恩。"文生感激地说。"适才我到这里采野花，发现您掉入谷底摔昏过去。幸亏您命大，没被虎狼吃掉。"少女说着从草地上拿起一个瓷瓶，柔声说："您再喝一口酒，就能走路了。我就住在山半腰，您先到我家中，待伤痊愈后再走。"文生顺着少女指的方向看去，山半腰果然有一座茅草屋。他喝了一口酒，浑身顿觉有劲，伤口也不那么疼了。少女把瓷瓶放进花篮里一手拎起，一手搀着文生，朝山半腰的茅草屋走去。

少女扶文生在床上躺下，又拿酒将他身上的伤口擦洗干净，伤口随擦随愈合，文生没觉得一儿点疼，他不由得吃惊地问："这是什么酒，竟如此神奇？"少女笑而不答。"姑娘，您叫什么名字，家中还有何人？""我姓花名姑，此处乃我姑姑家，姑姑去银山探亲，特此接我来给她看几天家，公子尽管放心养息。"几日来文生在花姑的精心护理下，精神复原，创伤痊愈。这位少女不仅人才出众，心地善良，而且谈吐高雅，举止大方，文生早已为之倾倒，无限爱恋，便问道："不知您订婚否？"花姑害羞地摇了摇头。"倘若不嫌小生不才，愿结为连理，不知您意下如何？"少女羞涩地说："我家住在雪山峰下的杏花村，母亲早已去世，我与爹爹相依为命。公子若有意，可到杏花村向我爹爹求婚。"说着她从头上解下一条红绫巾，又道："这条红绫巾先送给公子作定情物吧！"文生双手接过头巾，小心翼翼地揣进怀里，接着从腰间解下一块玉佩，道："小生身未带贵重的东西，仅以此相赠，望姑娘笑纳。"花姑低头接过说："明天姑姑就要回来了，您在此恐有不便。"文生知趣地说："多蒙姑娘救护，小生再生不忘，我告辞了。""公子，这瓶酒请您带上，谁有伤痛或不适，把它滴在其他酒中一滴，喝一口即愈。"文生接了瓷瓶，谢过花姑，花姑送他下山。临分手时，花姑又叮咛："可别忘了去杏花村求婚之事。"文生深情地望着花姑道："我怎会忘记呢！回去便去杏花村。"山脚下，二人恋恋不舍分手，一步一回首。

回到茅草庵，恰逢明鉴和尚由腊山归来，文生便将山中奇遇讲给他听。明鉴和尚听罢道："你遇上的第一个女子，乃是黑风洞的黑蛇精，幸亏你没被她迷惑住，否则你早被她吞噬掉。这孽障不知害了多少过往的男子，但也怪他们好色，经不住她诱惑。你遇到的第二个女子，那是谁呢？这梁山之上，从未住有人家。""花姑说山半腰是她姑姑的家，她家住在杏花村。""噢，我想起来了。老衲曾到杏花村化过缘，有个开酒坊的花老汉，他确有个女儿名叫花姑，其聪明俊秀、勤劳善良，且酿得一手好酒。若真是她，那倒是一桩好姻缘。"

第二天，明鉴和尚带领文生前往杏花村求婚。进花家篱院便看见花姑在门口簸粮食，文生上前亲切地叫道："花姑，你何时从姑姑家回来的？"姑娘停下手中的活计，惊讶地说："我没有姑姑，这几天酿酒忙，也没走过什么亲戚，您是何人？""花姑，你真会开玩笑，时隔一天，你就不认识我了？""公子，您认错人了吧，我从未与您见过面。"文生从兜里掏出瓷瓶，道："这酒瓶您该认得吧？"姑娘仍摇摇头。明鉴和尚接过瓷瓶，拔开瓶塞一闻，道："这不是酒，此乃百花甘露也。据说百花仙子每年春天都来梁山采集百花，制成甘露，专为玉皇大帝酿酒而用，这甘露滴入普通酒中，饮之不光使人心旷神怡，而且有起死回生之功能。文生，那你遇到的不是花姑，而是百花仙子。她变为花姑，竟在为你俩牵线搭桥，你们何不感谢媒人？"文生与花姑这才大悟，双双跪下朝天拜道："多谢百花仙子的盛情美意。"这时，空中飘来一阵美妙的音乐，百花仙子驾着五彩祥云，在向他们招手。良久，乐声乃息，百花仙子飘飘而去。不久，文生与花姑便成了亲，花姑没有嫁妆，却带来了制作杏花酒的技艺。她把此技艺与张氏家酒的技艺糅合在一起，酿成酒后，又倒入几滴百花甘露，其醇香甘甜，绝非世间美酒能比。

张公艺刚讲到这里，这时门外传来一阵嘈杂声，几个武士闯进客厅，齐刷刷跪在道士面前，道："万岁，娘娘派我等前来接驾。""这，这是怎么回事？"张公艺惊呆了。一个武士道："这是皇帝私访到此。"张公艺这才恍然大悟，急忙跪下："小民不知是皇帝驾到，实有怠慢，请皇上恕罪。""先生，你的美酒美，故事美，品行更美。朕不虚此行。"高宗说着将张公艺扶起。高宗临行时举起酒杯道："祝你家美酒万古流芳，愿年年岁岁朕能喝上这百花佳酿。"说着与张公艺碰杯，二人一饮而尽。

从此这张氏家酒便成了贡酒，每年向皇帝献贡酒百担，每次高宗乃赐以缣帛百匹作为答谢。这张氏家酒遂易名为"唐王贡酒"。

五、张公艺遇难得救

有一天张公艺来到河边，看到渔翁捕捞上来一条鱼，这条鱼的长相奇特，有一尺多长，四个鱼鳃、两条尾巴，双眼垂泪。张公艺问道："这条鱼卖不卖？"渔翁答："卖也行，我家穷，这条鱼要卖一千文钱加一斗米，少了不卖。"张公艺看这条鱼长得奇异，就买来放到河里。鱼变成龙的形状，随着潮水涌动不见了。张公艺回家，不久，两个孩子仲仁、仲义从学堂回来，说在路上碰到一个小女孩，求着收留。张公艺唤上前来，问道："你是哪里的小姑娘？"女孩回答："我家住北海，林泉县人，姓龙名玉珍。因父母俱亡，族无亲长，逃难到这里。听说您是大善人，求您收留了我吧。"张公艺看这姑娘长相非凡，就收留了她，把自己的女儿、两个儿子一同唤上堂，与玉珍结为姐妹，跟女儿住在一起学习女红。

没过几天，张公艺的一个亲戚叫陈玉清的来到张家，求张公艺借点衣服和盘缠，要进京考试。张公艺知道陈玉清虽然读书，却是个败家的人，多次规诫他也不听，于是说："内侄，你想想你家先人，积攒下家业，你却奢侈浪败，现在连衣服和路费都要求人。"陈玉清听到这话，生气地站起来走了。没过多久，仲仁、仲义也要去京考试。张公艺说："你表兄陈玉清前几天来借衣服和盘缠，我说了他几句，他没说话就走了。你们俩把他的路费也带上，赶上他跟他说一下。"仲仁、仲义于是收拾行李起身，追上陈玉清，把钱给他，并且说："我父亲前日喝了点酒，说话冒犯表兄，还望海涵。路上还希望表兄多照顾。"陈玉清说："我们有钱人比别人威风一点儿又何妨。"仲仁弟兄俩路上一直赔罪。

到京城以后，三人同吃同住，一起考试，过了一个多月发榜，仲仁状元，仲义探花，陈玉清榜眼。陈玉清见表弟高中状元，非常不高兴。

把剩下的钱财都用来贿赂官吏，得了个殿前御史的官职，于是有了机会陷害仲仁兄弟。有一天，边关告急，说北海周天王造反，皇帝问众卿谁可出征，陈玉清出班奏："新科状元张仲仁可拜为帅，探花张仲义可为先行部队。"皇帝宣旨让仲仁兄弟五日后领兵灭贼。仲仁兄弟接到圣旨胆战心惊，辞别玉清时，陈玉清嘲讽道："有钱人家领兵打仗有什么不能战胜的？"弟兄俩回家都很气愤。但无奈五日后领兵出征，到北海林泉县，与周天王交锋，瞬间被围困。

陈玉清唯恐陷害张家不力，还在君前保奏，说他的表亲新科状元张仲仁之父张公艺藏有三件宝物：龙须席、虾须毡和斗大的夜明珠。皇帝于是让陈玉清带着圣旨传宣张公艺，亲贡宝物上朝。并且在陈玉清的煽动下，降旨张公艺若是献宝便罢，若是吝啬不献，就诛灭全家。

陈玉清领旨起驾，一路上州接县迎，索贿无数。到了寿张地界，令人报给张公艺来迎接。张公艺来后，见是内侄陈玉清特别高兴，施礼相迎，陈玉清傲慢地连车都没下，仅欠身答礼。到张家宣旨："大臣陈玉清，奏称张公艺家藏有龙须席、虾须毡和斗大的夜明珠三件国宝，特命张公艺亲贡入朝，满门受宠；如若吝啬不献，满门诛灭。"张公艺接到圣旨，非常惊愕，问陈玉清："贤侄，我家哪里来的国宝啊？你如何奏明圣上？"陈玉清也不回答，转身就走。张公艺挽留不住，气得昏倒在地，家人急忙扶住，半天才醒过来，明白是陈玉清陷害，要害死他们全家。张公艺跟夫人和孩子说明情况，一家人急得团团转，全都不知所措。这时，龙玉珍跪下说："这三件宝物，只有龙宫才有。请父亲大人宽心，小女愿意冒险求得。"张公艺说："你个小女子，哪能求得呢？"玉珍说："回父亲大人的话，小女原是龙王的三公主，因为下错了雨，玉帝罚我离宫十年。那天小女同鲤鱼大将同游，不想被渔翁打捞上来，命垂一线，幸得父亲大仁大德将我搭救，又把我放回河中。玉帝命我改头换面，回来报答父亲的恩情，所以我才来到张家。如今，是我回报父亲的时候了。"

张公艺说："老天爷是让你来救我的吗？"玉珍答："小女并无虚言，请父亲稍等片刻。"说完，招来清风祥云，踏上云头消失不见。转眼间又回来，带上三件宝物。张公艺看遍三宝，确是世间罕有的宝物。玉珍救了全家，张公艺推她为上座，要拜她救命之恩。玉珍答礼之后，说："父亲到京城献宝，小女给您三根香，见到圣上，焚香小女即携宝物出来相见。向圣上说明原委，申明父亲的冤屈。然后女儿到北海，叫周天王罢兵，救二兄回朝，同享荣华富贵。"张公艺说："公主要到北海救兄，周天王怎么肯罢兵呢？"玉珍说："周天王是我鲤鱼大将，我收回龙宫便是。父亲且去京城献宝吧，不可迟疑。"说完，人和宝物就不见了。

张公艺来到京城，随同使者觐见皇帝。皇帝问："张公艺，进贡的宝物呢？"张公艺说："草民起身白屋，务农为生，苦力教子。仲仁、仲义蒙皇上大恩，点状元、探花，又出征北海。草民又蒙陛下降旨献宝，幸亏龙王三公主寄居草民家，公主备好宝物，待草民焚香唤来公主。"皇帝闻言大怒："你一介凡人，怎能见到龙王三公主？一片胡言，当取灭门。"这时有一个叫胡大魁的大臣跪奏："陛下且息怒，问问张公艺的香在哪里，试试不就知道了？"张公艺从怀中取出香呈上，皇上命人将香放在炉中焚烧，忽然清风吹来，彩云密布金阶，一位仙女站在云彩上，正是龙王三公主。公主将三样宝物献上，皇帝大悦。公主奏曰："陛下鉴观此宝，是否世间少有？"皇帝说："果然宝物，世间难得。"公主说："龙宫中也没有第二件。小女受张公艺恩父大恩大德，特寄养在他家，以图报恩。佞臣陈玉清，妄奏圣上，陷害忠良，不仅差点令张家满门被诛，也让陛下受骗。"皇上登时龙颜大怒，令武士将陈玉清推出去斩首。

不日玉珍令周天王回龙宫，向仲仁兄弟说明陈玉清陷害始末，令他们迅速回朝。皇上听说仲仁兄弟平贼返京，亲自大驾出迎，命张家众人到状元府安歇，翌日受封。第二天早朝，皇上对张公艺、夫人陈氏、仲仁、仲义等人一一进行封赏，并命摆宴庆贺。张公艺在京都旬月，上表辞谢返乡，皇上虽然惋惜，但念张公艺平生淡泊，准其归乡以养天年。张公艺因其仁德慈爱，一生平安健康，百年以后，无疾而终。

参考文献

[1]郑玄注，孔颖达疏.礼记正义[M].十三经注疏本.北京：中华书局，1980.

[2]左丘明传，杜预注，孔颖达疏.春秋左传正义[M].十三经注疏本.北京：中华书局，1980.

[3]何晏注，邢昺疏.论语注疏[M].十三经注疏本.北京：中华书局，1980.

[4]徐元诰撰，王树民、沈长云点校.国语集解[M].北京：中华书局，2002.

[5]李百药撰.北齐书[M].北京：中华书局，1972.

[6]刘昫等编撰.旧唐书[M].点校本.北京：中华书局，1975.

[7]司马光撰.资治通鉴[M].北京：中华书局，1956.

[8]陶潜撰.陶渊明集校笺[M].上海：上海古籍出版社，1996.

[9]佚名著，刘华荣、杨素宏编译.张公艺百忍全书[M].成都：四川美术出版社，2012.

[10]曹怀之编著.张公艺与百忍堂[M].郑州：大象出版社，2013.